NAGOMI

KEN MOGI

NAGOMI

El camino japonés hacia la armonía
y la alegría de vivir

URANO

Argentina – Chile – Colombia – España
Estados Unidos – México – Perú – Uruguay

Título original: *The Way of Nagomi*
Editor original: Quercus Editions Ltd
Traducción: Luz Ventura

1.ª edición Mayo 2023

Copyright © 2022 by Ken Mogi
All Rights Reserved
Quercus Editions Ltd, An Hachette UK company
© 2023 de la traducción *by* Luz Ventura
© 2023 *by* Ediciones Urano, S.A.U.
Plaza de los Reyes Magos 8, piso 1.º C y D – 28007 Madrid
www.edicionesurano.com

ISBN: 978-84-18714-17-7
E-ISBN: 978-84-19497-88-8

Despósito legal: B-4.460-2023

Fotocomposición: Ediciones Urano, S.A.U.

Impreso por: Rotativas de Estella – Polígono Industrial San Miguel
Parcelas E7-E8 – 31132 Villatuerta (Navarra)

Impreso en España – *Printed in Spain*

Índice

Introducción

Como puedes ver en el título, este es un libro sobre *nago-mi*. Para explicar este concepto, me referiré a la cultura, la historia y el pueblo japoneses en profundidad, pero eso no quiere decir que esta sea una forma de pensar exclusivamente japonesa. Japón ha estado tradicionalmente abierto a las influencias del mundo exterior; al ser una nación insular y de tamaño relativamente pequeño, ha importado muchas influencias culturales externas con curiosidad y celo. Históricamente, la influencia china ha sido crucial, y la de la península de Corea también ha sido fundamental para nutrir y enriquecer la cultura japonesa. Desde el siglo xix, Japón también ha absorbido con entusiasmo la cultura occidental.

La evolución de la sociedad es un proceso interconectado y continuo. De hecho, los japoneses siempre han considerado la sociedad como algo en constante cambio, efímero y flexible. Nosotros incluso tenemos una palabra para ello —*ukiyo* (que significa mundo flotante)— que ilustra maravillosamente esta filosofía. El mundo flotante hace referencia a la importancia de lo efímero en la vida japonesa, como la apreciación de los cerezos en flor en las festividades del *hanami* en primavera, que sólo duran unos días en su apogeo. El concepto de *nagomi,* que se ha desarrollado en Japón a su manera, tendrá equivalentes similares en otras partes del mundo y, desde luego, no es exclusivo de Japón en cuanto a sus raíces e implicaciones. Este mismo proceso de asimilación cultural demuestra el *nagomi* en acción, ya que la cultura japonesa ha buscado la armonía entre los elementos autóctonos y los importados. También hay muchas interpretaciones posibles del *nagomi* entre los japoneses. Me he esforzado por presentar una imagen equilibrada y completa del *nagomi,* pero, por supuesto, otras personas pueden tener opiniones diferentes. El *nagomi* consiste en la mezcla y el equilibrio de distintos factores, por lo que he intentado reflejar el propio concepto de *nagomi* en mi descripción del mismo en este libro.

A medida que vayas leyendo, verás que el *nagomi* te permite alcanzar los siguientes cinco pilares:

1. Mantener relaciones felices con tus seres queridos, aunque no estés de acuerdo con ellos.
2. Aprender cosas nuevas sin dejar de ser fiel a ti mismo.
3. Encontrar una sensación de paz en todo lo que haces.

4. Mezclar y combinar ingredientes aparentemente incompatibles para lograr un equilibrio armonioso.
5. Conocer mejor la filosofía de vida japonesa.

Después de pasar algún tiempo contemplando el *nagomi*, espero que puedas volver a tu propia vida con algunas ideas nuevas sobre lo que constituye una vida feliz y creativa, en armonía con otras personas, con la naturaleza y, finalmente y quizás lo más importante, contigo mismo. Si hasta ahora has vivido una vida alejada del *nagomi*, no pasa nada. Aunque el concepto de *nagomi* se ha cultivado y desarrollado de forma exclusiva en Japón, es relevante para todos en el mundo actual. Puedes construir un *nagomi* con tu propia vida y comenzar el camino del *nagomi* (*nagomido*) aquí mismo, después de cerrar este libro.

Ahora es el momento de empezar. Bienvenido al *nagomi*.

I

Nagomi para principiantes

Hay muchos caminos diferentes para tener una vida exitosa, creativa y feliz. Algunas personas salen adelante siendo asertivas, polémicas y ocasionalmente disruptivas. Otros son más enigmáticos. Pueden ser muy reservados y no suelen pregonar sus propios méritos, y rara vez critican a otras personas. No obstante, a pesar de su falta de autoafirmación, resultan ser excelentes triunfadores. Su trayectoria en la vida te deja boquiabierto y, sin embargo, presumir es lo último que hacen estas personas. Hay algo en el modo de vida de los japoneses que evita la confrontación directa incluso cuando se trata de introducir innovaciones. No cabe duda de que abundan las historias de éxito japonesas. No hay que buscar mucho para encontrar ejemplos: Sony, Toyota, Honda y Nissan, todas ellas originarias del país del sol naciente, son sólo algunas de las grandes empresas que han definido la economía de posguerra. Sin embargo, los japoneses son famosos por mantener un perfil bajo. Son típicamente poco exigentes, amables en la derrota y reservados en la victoria. No expresan sus opiniones, hasta el punto de que a otras personas les resulta incómodo ese silencio. Parece que los japoneses han logrado muchas cosas milagrosas sin necesariamente hacer valer sus propios méritos.

Sin embargo, tras el silencio y la reserva de los japoneses se esconde un secreto largamente guardado para encontrar el bienestar y la armonía en la propia vida. Este libro trata precisamente de este camino hacia la plenitud personal y la paz mental.

Empecemos por la letra pequeña. La mayoría de los libros de autoayuda prometen hacernos felices, ricos o exitosos, o a veces las tres cosas. De hecho, muchos de estos libros equiparan la felicidad con la riqueza y el éxito. A diferencia de ellos, este libro no trata de encontrar atajos para la felicidad, el éxito o la riqueza; trata de comprender y potenciar los aspectos buenos y positivos de nuestras vidas para equilibrar las dificultades que inevitablemente nos sobrevienen a todos. Se trata de maximizar el valor de nuestros rasgos positivos, la buena fortuna y el éxito como forma de aumentar nuestro bienestar y hacernos más resilientes. Esta resiliencia nos permite hacer frente a las cosas malas de la vida. La clave está en reconocer que las cosas desagradables siempre forman parte de la vida, y que el equilibrio entre lo bueno y lo malo y todo lo que hay en medio hace que nuestra vida sea más rica y sustancial. Al igual que lo agrio o lo amargo ayudan a realzar el sabor de algunos platos, la superación de las dificultades puede hacernos apreciar las buenas cualidades presentes en nuestra vida.

Entonces, ¿cuál es el secreto? La respuesta puede resumirse en una sola palabra:

Nagomi.

Si nunca has oído hablar de esta palabra, no es culpa tuya. Aunque sepas mucho de otras culturas, es muy probable que nunca te hayas topado con ella. Esta palabra y este concepto tan venerable, a pesar de ser fundamental para lo que representa Japón y los japoneses, ha sido el secreto mejor guardado del enfoque japonés hacia el trabajo y la vida durante mucho tiempo. Este es el primer libro, según el conocimiento del autor, que acerca el *nagomi* al resto del mundo. Explorará el concepto de *nagomi*, su relevancia en la vida contemporánea, así como los antecedentes históricos y culturales del *nagomi*, situándolo en un contexto moderno.

Pero primero, ¿qué es *nagomi*? A grandes rasgos, significa equilibrio, comodidad y paz en el corazón y la mente. El *nagomi* puede referirse a la relación con el entorno o a la calidad de la comunicación con otras personas. El *nagomi* puede referirse a una mezcla bien equilibrada de ingredientes, como en el caso de la cocina. El *nagomi* también puede referirse al estado de ánimo general, como cuando uno está en armonía consigo mismo y con el mundo en general. En definitiva, el *nagomi* es un estado de la conciencia humana caracterizado por una sensación de tranquilidad, equilibrio emocional, bienestar y calma. Fundamentalmente, el *nagomi* parte de la base de que existen diferentes elementos, no sólo un todo unificado y coherente. En *kanji* (la versión japonesa de los caracteres chinos), comparte el mismo carácter chino (和) que *wa*, que significa armonía.

Semánticamente hablando, el verbo *nagomu* es un verbo intransitivo, y representa el acto espontáneo de llegar a un estado de *nagomi*. El verbo transitivo *nagomaseru*, en cambio, describe el proceso activo de juntar algunos elementos y crear un conjunto armonioso. En el uso cotidiano, los verbos *nagomu* y *nagomaseru* son aquellos que se refieren al alivio del estrés, la tensión, la discordia o la preocupación, que, por desgracia, son las señas de identidad de la vida contemporánea, en Japón y en otros lugares. La palabra *nagomi* también está relacionada con la palabra *nagi*, que describe la tranquilidad del mar. En algunos contextos, *nagi* (mar en calma) puede ser un símbolo de tranquilidad y paz.

Nagomi, como palabra que representa todos estos matices detallados, sutiles y ricos, impide una simple traducción equivalente al español. Su significado cambia ligeramente en cada contexto específico, por lo que a lo largo de este libro recorreré los diferentes aspectos del *nagomi* para mostrar cómo se aplica en todos los ámbitos de la vida.

Por sus connotaciones positivas, *nagomi* es un término muy popular en Japón. Restaurantes, residencias de ancianos, marcas de té verde, sabores de helado, aguas termales, empresas de organización de bodas, servicios de *shinrin-yoku,* un spa en un hotel de lujo, una orquesta y una fuente informática ostentan el nombre de *nagomi. Nagomi* es también el nombre de un tren especial reservado sólo para el emperador. El tren *nagomi* está construido con la última tecnología y el mayor cuidado, característico del pueblo japonés. La superficie del tren está pintada de color púrpura oscuro, un color tradicionalmente considerado de naturaleza aristocrática, y está pulida con efecto espejo. No se conocen los detalles del diseño del vagón imperial en sí, y el tren no se puede visitar la mayor parte del tiempo.

Sin embargo, en ocasiones limitadas, el público tiene la oportunidad de viajar en el tren *nagomi* en recorridos especialmente diseñados, y las reseñas de estos viajes declaran invariablemente lo maravilloso que es. El hecho de que se utilice el nombre de *nagomi* para este tren de la más alta calidad es un testimonio de que el *nagomi* está muy bien considerado en las tradiciones culturales e históricas japonesas.

Nagomi no es sólo tradición. Sigue evolucionando a medida que Japón abre cada vez más sus puertas al exterior. Por ejemplo, es el nombre de un programa de visitas a hogares japoneses para turistas extranjeros, donde las familias registradas dan la bienvenida a los visitantes internacionales, cocinando para ellos para disfrutar de una cena todos juntos.

El *nagomi* se considera la madre de conceptos importantes como el *wabi sabi*, el zen, el *kintsugi*, el *ichigo ichie* y el *ikigai*. De hecho, no es exagerado decir que el *nagomi* se encuentra en la cúspide de la cultura japonesa y es fundamental para su filosofía de vida. La importancia casi sublime del *nagomi* se remonta a la Constitución de los Diecisiete Artículos redactada por el príncipe Shotoku en el año 604, que se considera la primera constitución de Japón como nación. El primer artículo proclama que «*WA* es importante», utilizando la representación china y más formal del concepto de *nagomi*, lo que sugiere que Japón es una nación construida sobre el concepto de *nagomi*.

El *nagomi* está muy relacionado con el bienestar mental, pero también puedes hallar el *nagomi* incluso si no eres muy feliz. La belleza del *nagomi* es que ayuda a aceptar la falta de felicidad percibida o incluso el desastre ocasional. Puede ayudarnos a aceptar ciertas situaciones, aunque no sean ideales. Esto puede parecer confuso, pero voy a explicar cómo el *nagomi* puede ofrecer muchas maneras de vivir una vida más libre de estrés, relajada y resiliente. Y la mejor noticia es que puede ayudar a cualquiera, seas quien seas y vengas de donde vengas.

Me complace presentarte el concepto de *nagomi*, el corazón de todos los aspectos importantes de la filosofía de vida japonesa.

Emprendamos, pues, el viaje del *nagomi*.

2

El *nagomi* de los alimentos

Empecemos la inmersión con un ejemplo tangible de *nagomi*: comer.

Japón es famoso por su creatividad gastronómica. Siempre ha sido líder mundial en cuanto a su cocina, que es equilibrada tanto en términos de placer como en el fomento de la buena salud.

El *nagomi* está en el centro de la filosofía y la técnica de la cocina japonesa y se ejemplifica especialmente en el *kaiseki*, que describe el equilibrio de los ingredientes en los platos. El *kaiseki* consiste en apreciar los distintos regalos que obtenemos de la naturaleza; y *nagomi*, en este contexto, es el término que describe este enfoque japonés de la armonía en la comida.

En el suburbio occidental de la antigua capital de Japón, Kioto, se encuentra la región de Arashiyama, famosa por sus impresionantes caminos entre árboles de bambú y tranquilos templos.

A orillas del río Oigawa, cerca del Puente de la Luna (Togetsukyo), se encuentra el restaurante Arashiyama Kitcho, con tres estrellas Michelin. Lo dirige con orgullo el chef Kunio Tokuoka, nieto de Teiichi Yuki, y, si alguna vez tienes la suerte de conseguir una reserva en este restaurante de fama mundial, prepárate para el verdadero arte culinario. Yuki fue el primer profesional culinario al que el gobierno japonés concedió la medalla de Persona de Mérito Cultural, por sus esfuerzos en la modernización del concepto de *kaiseki*. Se le considera el padrino de la tradición moderna del *kaiseki* en Japón, que ahora se identifica como uno de los logros culinarios más importantes del mundo.

La cocina *kaiseki* procede de la gran tradición de la ceremonia del té japonesa y es un ejemplo perfecto de la aplicación práctica del *nagomi*. Se trata de la armonía entre varios elementos sensoriales: primero se complace a los ojos con una coreografía de materiales delicadamente dispuestos, y luego se deleita a la lengua con sabores exquisitos. El *kaiseki* se consigue cuando los ingredientes y los materiales se toman de todos los rincones de la tierra y el mar y se unen en un conjunto armonioso, con atractivos colores y formas de presentación, reflejando una profunda apreciación de la estacionalidad tan típica de Japón.

Una vez, Kenichiro Nishi, el famoso chef del sublime restaurante Kyoaji de Tokio, me confió que el secreto de su maestría era tomarse las estaciones en serio. En Japón, la percepción de las estaciones está llena de matices y se utilizan palabras especiales para describir las diferentes fases de las estaciones. *Hashiri* se refiere al comienzo de la temporada, cuando los nuevos ingredientes empiezan a llenar el mercado. *Nagori* es el final de la temporada, cuando los ingredientes están cada vez menos disponibles. Tanto el *hashiri* como el *nagori* son muy apreciados y esperados por los entendidos, y los ingredientes correspondientes alcanzan precios de venta al público increíblemente altos. Sin embargo, Nishi me dijo que los ingredientes son más sabrosos cuando están en plena temporada *(sakari)*. En esta etapa están disponibles en grandes cantidades y, por tanto, los precios son más bajos. Nishi me dijo que el trabajo de un chef japonés no es quejarse por la escasez de ingredientes y cobrar a los clientes precios escandalosos por ellos, sino aprovechar al máximo los ingredientes cuando abundan. El *kaiseki* —aunque a veces tiene precios muy elevados— es en realidad un asunto sencillo que incluye los ingredientes más comunes de la tierra y del mar. Es una mezcla humilde y a la vez creativa de cosas obtenidas de la naturaleza, una dedicación de las propias habilidades a través de aquello fácilmente disponible. El *kaiseki* es tanto una actitud como un género culinario, y la simple cocina japonesa cotidiana puede encarnar el espíritu del *nagomi*.

Casi todos los platos en Japón son un *okazu* (acompañamiento) del arroz. Si te alojas en una posada de estilo japonés *(ryokan)*, normalmente para el desayuno te servirán una variedad de platos como encurtidos, *nori* (algas), pescado asado, verduras marinadas, carne sazonada y *natto* (soja fermentada), junto a los omnipresentes y casi obligatorios arroz y sopa de miso. La mayoría de los elementos que componen la mesa del desayuno japonés se preparan de tal manera que saben muy bien cuando se mezclan y se consumen junto con el arroz. En otras palabras, estos platos están en su punto óptimo cuando se comen con arroz.

En Japón, los niños son instruidos por sus padres para que tomen bocados de arroz y *okazu* por turnos al desayunar, para que puedan experimentar las mejores sensaciones gustativas. Es habitual llevarse a la boca más de un *okazu* a la vez, junto con el arroz, para poder saborear una variedad de ingredientes simultáneamente. Esta práctica, denominada *kounaichoumi* (cocina en la boca), es una maravillosa encarnación física del *nagomi*. Ningún sabor es una isla por sí mismo. Al cocinar y consumir con *nagomi*, dos elementos no entran en conflicto en la boca. Se trata de mezclar los sabores para que se conviertan en uno solo en la lengua y lograr la máxima armonía posible en la experiencia de comer.

La famosa caja de bento japonesa es una expresión visual del método utilizado para conseguir el *kounaichoumi* y de la filosofía del *nagomi* que lo sustenta. Un bento típico presenta una porción de arroz, a menudo de forma cuadrada, junto con varios otros elementos, todos ellos ordenados como piezas de un puzle. No hay un plato principal; todo se ofrece en pequeñas porciones ordenadas y está diseñado para acompañar el arroz. Mientras se consiga el *nagomi* con arroz, no importa realmente cuántos elementos diferentes haya en la caja de bento. Existe un bento de presentación aún más elegante, llamado *shokado*, que tiene una profunda conexión con el espíritu *kaiseki*. Tiene su origen en la casa y los jardines Shokado, en el suburbio sur de Kioto, y se ha convertido en sinónimo de cocina refinada presentada en formato bento. Muchos restaurantes de lujo ofrecen *shokado* bento para los clientes que tienen prisa y quieren comer rápidamente, o también para llevar.

La elaboración de bento en Japón siempre ha sido un asunto serio. No se trata simplemente de poner unos sándwiches y una manzana en una bolsa de papel marrón, como sería típico en algunas partes del mundo. Armamos un buen escándalo con la preparación del bento: hay incluso libros dedicados al arte de la preparación del bento. El principio más esencial es preparar varias cosas en pequeñas porciones. El arroz está siempre en el centro, unificando los demás elementos. Puedes sustituir el arroz por los alimentos básicos disponibles en tu supermercado local, como pan, fideos, pasta, tortillas, patatas, cuscús o ugali. Si preparas una variedad de alimentos en pequeñas porciones y los acompañas de arroz o del alimento básico que elijas, habrás reproducido la esencia del *kaiseki* o *shokado*. Ahora, todo lo que tienes que hacer es realizar el *nagomi* a través de tu *kounaichoumi* (cocina en la boca). La comida dispuesta de esta manera no sólo tiene buen aspecto, sino que los formatos *kaiseki* y bento también ejemplifican varios principios y beneficios del enfoque *nagomi* y del método de consumo *kounaichoumi*. Por un lado, ambos ayudan a conseguir el importantísimo equilibrio nutricional. En segundo lugar, el chef tiene muchas oportunidades de mostrar sus habilidades en una sola sesión. En tercer lugar, la gran diversidad de ingredientes ofrece una gran oportunidad para representar algunos de los diversos tesoros que recibimos de la naturaleza, haciendo que esta cocina típicamente japonesa refleje el entorno en el que vivimos.

Sin embargo, este enfoque de la comida a menudo desconcierta a los habitantes de las regiones donde estos ingredientes son realmente originarios. Un ejemplo curioso es el de las *gyozas*. Estas, originarias de China, son ahora omnipresentes en Japón. Los restaurantes especializados en *gyozas* son cada vez más populares. Un restaurante proclama con orgullo que «las *gyozas* y la cerveza forman una sola cultura», lo que sin duda es mi eslogan favorito. Fuera de Japón, las *gyozas* se han convertido en un elemento básico de la cocina japonesa. Por lo tanto, puede sorprenderte que diga que la forma de preparar y consumir las *gyozas* en Japón es totalmente diferente a la de tu país de origen. Y esto tiene mucho que ver con el *nagomi*, el *kounaichoumi* en particular.

Una vez tuve una discusión amistosa con una pareja china en un crucero. No, no estábamos debatiendo a qué país pertenecían unas islas en disputa. Estábamos discutiendo si era aceptable comer *gyoza* junto con arroz, es decir, como *okazu*. La pareja china se mostró inflexible. Era inconcebible, decían. Incluso sugirieron que era un sacrilegio. Las *gyozas* eran *gyozas*, decían, y debían comerse solas, y nunca con arroz. Incluso sugirieron que les daba asco pensar que hubiera gente en el planeta tan insensata como para comer *gyoza* con arroz.

«Pero las *gyozas* son tan buenas», protesté. «¿Sabes? En los restaurantes japoneses, las *gyozas* con arroz son un plato muy popular. Mojas las *gyozas* en salsa de soja picante y las comes con arroz... ¡Ñam! Es tan sabroso».

La pareja de chinos parecía asombrada y sorprendida, como si estuvieran hablando con un bárbaro.

«Puede que sea así… sobre gustos no hay nada escrito. Pero pensamos que es asqueroso comer *gyoza* con arroz».

Así que, por muy amistosa que fuera la conversación, no pudimos llegar a un acuerdo en este caso.

En concreto, las *gyozas* que se consumen en China son principalmente *suigyoza* (bolas de masa hervida), que se cuecen en agua caliente y se añaden a una sabrosa sopa. Las *suigyoza* tienen una tripa blanda y húmeda. Las *gyozas* populares en Japón son las *yakigyoza* (*gyozas* a la parrilla), con una tripa crujiente y carne o verduras jugosas en su interior. Incluso en Japón, quizás no sea tan típico comer arroz con *suigyoza*, aunque algunas personas lo hacen (yo incluido). Sin embargo, comer *yakigyoza* con arroz es una costumbre muy popular en Japón. A mí me encanta el *yakigyoza* con arroz, donde se moja el *yakigyoza* en salsa de soja picante y se come con arroz blanco al vapor. (Al escribir esto se me hace la boca agua…). En fin, todo esto es para decir que es interesante observar que las *gyozas* empezaron a evolucionar en una dirección que las hacía más sabrosas cuando se consumen con arroz, en lugar de comerse solas. Se trata de una aplicación muy típica del principio de *nagomi* (mejor juntos, en este contexto) a este venerable plato chino.

El concepto de *nagomi* en la práctica del *kounaichoumi* (cocina en la boca) nos anima a incorporar y abrazar muchos materiales diferentes de la naturaleza, desde las montañas hasta el mar. El mismo espíritu se aplica a la tradición japonesa de consumir muchos tipos diferentes de alimentos con sake —vino de arroz—, la bebida alcohólica distintiva de Japón.

Las *izakayas* son tabernas japonesas que ofrecen bebidas alcohólicas y comida, y tienen una larga historia; se remontan al menos a principios del siglo VIII. En las obras maestras del cine del director Akira Kurosawa, como *Yojimbo* y *Sanjuro*, se puede ver a los samuráis, sobre todo al gran actor japonés Toshiro Mifune en sus papeles de Sanjuro Kuwabatake y Sanjuro Tsubaki, pasando un buen rato en una *izakaya*. Aunque una *izakaya* actual ofrece una amplia variedad de bebidas alcohólicas, como cerveza, vino, *shochu* y whisky, el sake sigue siendo la bebida central y más importante. De hecho, el sake es la bebida que define las *izakayas*.

Hay muchas opciones en el menú de las *izakayas*, pero los platos básicos son el *sashimi*, el *edamame*, las verduras marinadas, el tofu, el *yakitori*, el cerdo asado y los fideos *yakisoba*. Aunque los platos que ofrecen las *izakaya* son muy variados, tienen algo en común: saben muy bien cuando se consumen con sake. En otras palabras, todos son *tsumami*, una palabra que describe la gama de platos especialmente concebidos y desarrollados para acompañar al sake. Hoy en día, *tsumami* también puede referirse a la comida que puede acompañarse de otras bebidas alcohólicas como la cerveza, el whisky y el vino. Se puede decir, por ejemplo, que el *edamame* es un *tsumami* perfecto para la cerveza, o que el queso es un excelente *tsumami* para el vino. Sin embargo, el *tsumami* se refiere principalmente a la comida que acompaña al sake. Se puede decir que una *izakaya* es un lugar en el que se ofrece sake y varios *tsumami* para acompañarlo. Es maravilloso estar en una *izakaya* y apreciar el simplemente maravilloso *nagomi* que se desarrolla en tu boca al degustar el sake con varios tipos de *tsumami*. Se trata de nuevo de una aplicación del *kounaichoumi* (cocina en la boca). Aquí, el sake es el toque final del *tsumami*, que es sabroso por sí mismo.

Por cierto, en la parte occidental de Japón, la palabra *ate* (pronunciada como en la palabra francesa *pâté*) suele sustituir a *tsumami*. El hecho de que tenga la misma ortografía que el pasado simple de comer en lengua inglesa es pura coincidencia, pero hace más fácil recordar que, si uno va a una *izakaya* en Osaka, pediría sake y *ate* en lugar de sake y *tsumami*. En otros tiempos, existía la palabra *sakana*, que describía cualquier tipo de comida que fuera buena para degustar con sake. Etimológicamente, *sakana* deriva de la combinación de sake y *na*, que describe cualquier ingrediente o plato secundario que acompañe al sabor principal (el sake, en este caso). Así, todo lo que acompañaba al sake se consideraba *sakana*. Curiosamente, en el japonés moderno, *sakana* es también el término general para describir varios tipos de pescado. Esto tiene sentido, ya que los platos de pescado, sobre todo el *sashimi*, combinan maravillosamente bien con sake. Y, puesto que en el japonés moderno *sakana* se refiere principalmente al pescado, la gente tiende a utilizar *tsumami* (o *ate*) para describir las delicias culinarias que acompañan al sake.

La sustancia del *okazu* o del *tsumami* se define en relación con el arroz o el sake. Por supuesto, el sake está hecho de arroz, así que el hecho de que otros alimentos se midan según su encaje con el arroz y el sake es un testimonio del estatus del arroz como cultivo importante en Japón. De hecho, es EL cultivo más importante, hasta el punto de que el propio emperador planta arroz cada año en el Palacio Imperial. Históricamente, la superficie de tierra designada para un guerrero samurái se medía en función del tamaño de la cosecha de arroz que la tierra había producido.

Desde un punto de vista más filosófico, el arroz y el sake son también símbolos de los valores asociados al ideal del *nagomi*. El arroz y el sake de mejor calidad se caracterizan por su neutralidad, su falta de identidad propia y su notable capacidad para mezclarse bien con otros sabores e ingredientes, que probablemente sean más vistosos y llamativos en comparación con el aparentemente humilde arroz y el propio sake. Incluso puede decirse que el ideal japonés del yo en la sociedad es algo así como un buen arroz o sake, muy alejado de personalidades más autoafirmadas. Quizá por eso los japoneses tienden a pensar que es adecuado que el emperador, siempre reservado y sin pretensiones, plante arroz cada año. También se considera adecuado ofrecer arroz y sake a los dioses en un templo sintoísta, lo que refleja la noción de que la neutralidad es relevante, en este contexto, hasta el punto de ser adecuada para fines religiosos o espirituales.

Sin embargo, el arroz y el sake no son los únicos que representan el templo definitivo del *nagomi*. Hay una amplia gama de alimentos que encarnan el espíritu del *nagomi*, y platos como el ramen, el *katsu curry* y *el oyako don* podrían considerarse el resultado de los intentos de encontrar el *nagomi* entre la ingeniosa cultura culinaria japonesa y las influencias del extranjero.

A lo largo de los años, en Japón hemos desarrollado el gusto por muchos estilos de cocina diferentes importados de todo el mundo. La expresión japonesa *wayochu* se refiere a los estilos de cocina originarios de Japón (*wa*), Occidente (*yo*) y China (*chu*), y representa el principal género de alimentos disponibles en el Japón moderno. Hoy en día, en casi todo Japón, por muy pequeña que sea la ciudad, se pueden encontrar restaurantes que sirven selecciones de artículos *wayochu*, normalmente centrados en uno de los tres géneros, pero en algunos casos los sirven todos. De hecho, la cocina occidental es tan omnipresente en Japón que la gente suele bromear diciendo que «la mejor cocina francesa se encuentra en Japón».

El *katsu curry* puede ser uno de los platos japoneses que ha tenido una acogida más rápida e internacional. Esto es especialmente cierto, según mi experiencia, en el Reino Unido. He visitado Inglaterra con regularidad desde que hice mi posdoctorado en Cambridge, hace ya más de dos décadas. Ha sido interesante ver cómo la cocina japonesa ha llegado a ser tan ampliamente aceptada en ese país, tan gastronómicamente conservador en otras épocas. Todavía recuerdo mi sorpresa cuando, mientras almorzaba en un restaurante de *sushi* en Victoria Station hace casi una década, un británico pidió *katsu curry*. Nunca había esperado que este plato japonés tan amado llegara tan lejos. Pocos años después, mientras caminaba por una de las calles más concurridas del centro de Londres, me fijé en un cartel publicitario que proclamaba que el restaurante que anunciaba tenía «el mejor *katsu curry* de la ciudad». Cuando consideramos cómo se originó el *katsu curry*, se aprecia cómo resulta un bello ejemplo del principio *nagomi* en funcionamiento. El hábito de comer carne sólo se introdujo en Japón a través de la influencia y la modernización de Occidente, y el curry, por supuesto, viene de la India. Por lo tanto, el *katsu curry* representa una mezcla de muchas influencias diferentes de todo el mundo, que se mezclan en un todo armonioso; un bello ejemplo del *nagomi* de la comida.

El *ramen* es otro ejemplo interesante del principio *nagomi*. Se originó en China, pero ahora gente de todo el mundo acude a las tiendas de fideos *ramen* de Japón. El universo del ramen se ha ampliado y hay muchas variedades desconcertantes. En Tokio, se pueden degustar sopas a base de sal, salsa de soja, miso, pescado, tuétano de cerdo, huesos de pollo, verduras, etc. La variedad de fideos y aderezos también es muy amplia. El cielo, o, mejor dicho, tu imaginación, es el límite. No hay tabúes, siempre que sepa bien. En otras palabras, todo es posible mientras los ingredientes estén en *nagomi*.

Como los japoneses están acostumbrados a aplicar el *kounaichoumi* (cocina en la boca) desde la infancia, hay relativamente pocas barreras psicológicas a la hora de juntar ingredientes aparentemente incompatibles. Este principio de libre asociación ha contribuido a la expansión del universo de la cocina japonesa. El *nagomi* lo hace casi todo posible.

Quizá el resultado más conocido de la flexibilidad culinaria que permite el *nagomi* sea el *sushi*. El *sushi* es un estilo de comida increíblemente fluido. Por ejemplo, el *maki* (rollo); hay varios estilos tradicionales de *maki*, y los mejores restaurantes de Tokio se ciñen a ellos. Si uno entra en uno de estos establecimientos y pide un *maki* no tradicional, lo único que obtendrá será un ceño fruncido. Sin embargo, el resto del mundo es totalmente libre de alejarse de esos guardianes de la tradición. De hecho, es posible preparar el *maki* de muchas formas diferentes, como el rollo California, el rollo oruga y el rollo Alaska, pero no encontrarás estas variedades fácilmente en Japón. A los estadounidenses les puede decepcionar que los rollos California, por ejemplo, sean difíciles de encontrar en los restaurantes respetables de Tokio. Y, aunque es muy popular fuera de Japón, pedir salmón en un buen restaurante de *sushi* es una forma segura de recibir una mirada desdeñosa del chef que está detrás del mostrador, ya que el salmón no se considera un pescado auténtico para ser utilizado en un *sushi* tradicional, debido en parte a que la mayoría es importado de fuera de Japón. El estilo de *sushi* en Tokio y en otros lugares de Japón ha permanecido prácticamente inalterado, para alegría de los puristas y de los visitantes conocedores. Sin embargo, una vez que se sale del círculo del *sushi* tradicional, celosamente guardado, se es totalmente libre de hacer lo que se quiera, siempre que lo que se haga sea *nagomi*. Podrías inventar la receta más loca y seguiría siendo *sushi*. Hacer un *sushi* juguetón e innovador coincide con lo que los japoneses han estado haciendo con espíritu *nagomi* a lo largo de los años.

En los restaurantes de *kaiten sushi* (*sushi* giratorio) de Japón, uno se sienta en la mesa y la cinta giratoria pasa por delante de los platos con variedades de comida en platos pequeños. Todo es posible y se acepta fácilmente. Puede haber incluso *sushi* dulce cubierto de crema y chocolate, o piezas que incorporen platos occidentales, como *sushi* de carne asada. No hace falta decir que se puede conseguir salmón en un *kaiten sushi*; de hecho, el *sushi* de salmón es uno de los platos más populares en estos restaurantes.

El *sushi* es una maravillosa aplicación del espíritu del *nagomi*, en el que elementos de muchos orígenes culturales diferentes pueden mezclarse en un sabroso conjunto. El secreto de la gran flexibilidad del *sushi* se encuentra, de nuevo, en el arroz. Este omnipresente arroz blanco y la cocción al vapor del grano es el núcleo del *nagomi* de la cocina japonesa. Sin el arroz, el *nagomi* en la cocina sería imposible. De hecho, el arroz es la apoteosis del *nagomi* en la cocina. Gracias a la adaptabilidad del arroz, el pueblo japonés ha podido acoger muchas influencias del extranjero.

Aunque el *katsu curry* y el *sushi* de carne asada pueden estar disponibles fuera de Japón, si no se vive en el país puede ser difícil apreciar todo el espectro del *nagomi* en la cocina japonesa. Los menús basados en los principios del *nagomi* son interminables; constantemente se inventan otros nuevos, y puede pasar un tiempo hasta que estas innovaciones culinarias se extiendan. Sin embargo, esto está cambiando, y ahora el *nagomi* puede venir incluso embotellado.

La marca de whisky japonés Suntory es un ejemplo de ello. Seiichi Koshimizu, que ha sido el mezclador jefe de la empresa durante muchos años, desarrolló su enfoque único al reconocer las propiedades únicas de cada malta almacenada en las barricas de su empresa. Su aplicación de una nueva visión a cada etapa de la imprevisible naturaleza del proceso de maduración ayudó al whisky japonés a situarse en la vanguardia del mercado mundial tanto en términos de calidad como de prestigio. Hoy en día, las principales marcas de whisky Suntory, muchas de las cuales tienen un nombre en *kanji* (versión japonesa de los caracteres chinos) como Hibiki o Hakushu, son tan populares que la empresa pide a sus empleados que no beban su whisky; no hay cantidad suficiente para satisfacer la demanda de todo el mundo.

Este ingenio también explica que las ginebras artesanales japonesas sean cada vez más populares, algo que en su día sorprendió a quien escribe.

Un gran amigo mío, Dan Ruderman, me envió una vez un correo electrónico desde su casa en California. Dan presumía de haber estado disfrutando de una ginebra japonesa, Kinobi, que consideraba una de las mejores del mundo. Para ser sincero, yo no había oído hablar de Kinobi, ni siquiera del concepto de ginebra artesanal japonesa, hasta ese día. Dan describió lo aromática y refrescante que era Kinobi. Inmediatamente le creí, pues sabía que era una persona de buen gusto. Unas semanas después, estaba disfrutando de un vino en un bar de Tokio. Recordé las palabras de Dan y pregunté casualmente al camarero si tenía Kinobi. Me dijo que sí y me trajo uno. Lo que probé entonces me abrió los ojos. El líquido transparente de la copa no se parecía a nada que hubiera probado antes.

Kinobi, que se produce en la destilería de Kioto, la antigua capital de Japón, es un bello ejemplo de lo que puede lograr el principio del *nagomi*. Como en el caso de los grandes whiskies Suntory, es el equilibrio entre los distintos elementos lo que hace que esta ginebra sea tan especial. La página oficial de la destilería de Kioto presume de once ingredientes botánicos (baya de enebro, *orris*, *hinoki*, *yuzu*, limón, té verde *gyokuro*, jengibre, hojas de *shiso* rojo, hojas de bambú, pimienta *sansho* y *kinome*) en seis grupos de sabores (base, cítrico, té, especias, afrutado y floral, y herbal). De esta plétora de ingredientes, el *yuzu*, un tipo especial de cítrico con un sabor distintivo que se utiliza de forma omnipresente en la cocina japonesa —y que se está convirtiendo en algo bastante común también en la cocina de otros países— es quizás la característica más importante y definitoria. Curiosamente, estos productos botánicos (el *yuzu*, el té verde *gyokuro*, la pimienta *sansho* y el *kinome*, en particular) se utilizan con frecuencia en la cocina japonesa, incluso en los sublimes platos del *kaiseki*.

Durante la asimilación de las influencias externas tras la modernización de Japón en el siglo XIX, surgieron muchas formas de *nagomi* exclusivamente japonesas, como el whisky, las ginebras, el *katsu curry*, el *oyako don*, las *gyozas* y el *ramen*. Todo esto surgió de los esfuerzos por acomodar las influencias externas de forma creativa. Lo más sorprendente es que el *nagomi* es quizás el principio rector más importante de la cocina japonesa. Cuando se consigue un *nagomi* entre los ingredientes, el plato tiene un buen sabor, a menudo celestial.

Estas son algunas de las formas con las que se aplica el *nagomi* en la elaboración de alimentos:

Al cocinar, se añaden los ingredientes sin prejuicios, sin importar su origen, tanto cultural como geográfico. El *nagomi* de los alimentos es una actitud muy liberal. En segundo lugar, se combinan y mezclan, y se intenta conseguir un equilibrio entre los distintos ingredientes, sin anularlos con una salsa fuerte, por muy sabrosa o eficaz que sea. Así, la comida japonesa es famosa por su meticuloso cuidado y consideración de cada alimento por sus propias cualidades, en lugar de dirigirlo y forzarlo hacia un sabor particular. El *nagomi* de los alimentos es democrático.

En tercer lugar, mediante el *nagomi* de la mezcla y la combinación, nacen nuevos sabores y texturas, a menudo con resultados inesperados y sorprendentes. Así pues, el *nagomi* de los alimentos es un proceso creativo. El helado de matcha, que mezcla helado (un alimento de origen occidental) con matcha (hojas de té en polvo, un extracto natural exclusivamente japonés), es el ejemplo por excelencia del aspecto creativo del *nagomi* de los alimentos.

Por último, el *omakase* (elección del chef) es un concepto en el que el chef intentará conseguir un equilibrio *nagomi* entre la variedad de ingredientes de la comida disponible ese día, preparándolos y sirviéndolos cuidadosamente en el orden y las combinaciones adecuadas. En Japón se parte de la base de que existe una asimetría de conocimientos entre el cliente y el chef; quizás sea mejor que el chef decida qué ingredientes utilizar y presentar, en lugar de que el cliente pida los suyos. Según la temporada, el chef elegiría y prepararía los mejores ingredientes disponibles, con las cantidades óptimas de salsas y especias, para que el cliente sólo tuviera que llevarse la comida a la boca, como un niño despreocupado. Existe un *nagomi* de relación de confianza entre el cliente y el chef. Por eso, si vas a un buen restaurante japonés, te sientas en el mostrador y pides el *omakase* de ese día, puedes esperar que todo se prepare con un espíritu *nagomi*. Te sentirás en armonía con el chef que ha creado tu comida, como si te comunicaras con él directamente. Cenar en un buen restaurante japonés debería hacerte sentir como si estuvieras conectado con el centro de este universo, y eso se debe al *nagomi*.

3

El *nagomi* del yo

Las profesiones que más valoramos como sociedad cambian con el tiempo. Mientras que en el pasado la mayoría de los niños japoneses aspiraban a ser jugadores de béisbol profesionales, actores, cantantes o directores de anime, en los últimos años las encuestas han demostrado que ser *YouTuber* es ahora una de las ocupaciones más codiciadas.

No es sólo el caso de Japón. En 2020, Ryan Kaji, un niño de doce años residente en Texas, fue el *YouTuber* que más dinero ganó en el mundo, con 2,8 millones de dólares a la edad de nueve años. Su canal, *Ryan's World*, contiene vídeos en los que hace *unboxing* de varios juguetes y otras cosas, y cuenta, según mi último recuento, con 28,5 millones de suscriptores. Dada esta demostración de éxito, y a tal escala, no es de extrañar que los niños busquen en los *YouTubers* inspiración para sus propias carreras. Otro ejemplo es Yutaka Nakamura, también conocido como Yutabon, que empezó su canal con la ayuda de su padre cuando tenía sólo ocho años. Recuerdo vívidamente la primera vez que conocí a Yutabon en Naha, la principal ciudad de la isla sureña de Okinawa, en 2019. Okinawa es una área identificada como una de las Zonas Azules de la salud y la longevidad por el autor estadounidense David Buettner en sus charlas sobre *ikigai*, que, si has leído mi primer libro, sabrás que es la filosofía japonesa que te ayuda a encontrar el *mindfulness* y la alegría en todo lo que haces. La gente que vive en Okinawa tiene una de las esperanzas de vida más largas del mundo, con algunos residentes viviendo hasta la increíble edad de ciento diez años, y se considera que la buena salud de los okinawenses está relacionada tanto con la genética como con la dieta. Yutabon se había trasladado a Okinawa desde su ciudad natal, Osaka, el año anterior y, en el momento de nuestro encuentro, aún no era muy conocido. El canal de Yutabon trata principalmente de los crecientes problemas de un joven que se niega a ir a la escuela, y no tardó en convertirse en un nombre conocido.

Cuando conocí a Yutabon, me habló con vehemencia de su indignación por el trato injusto que, en su opinión, recibía de sus profesores. Tras un incidente especialmente desagradable, en el que un profesor se negó a entender su punto de vista, Yutabon se negó a ir a la escuela y en su lugar comenzó sus propios proyectos de aprendizaje. Se graduó en la escuela primaria en marzo de 2021, pero no se le permitió participar en la ceremonia general, ya que su pelo estaba teñido de rubio. En Japón, las escuelas suelen considerar el pelo negro como el único color natural o correcto, y cualquier niño que se tiña el pelo de otros colores suele tener problemas. Esto es quizá ridículo si se tiene en cuenta que a los niños con un tono de pelo naturalmente más claro se les ha dicho que se tiñan de negro.

El caso de Yutabon es interesante, ya que cuenta una historia universal y a la vez única. Nos recuerda lo difícil que es a veces crecer en una sociedad en la que hay mucha presión de grupo. Al mismo tiempo, demuestra cómo es posible llegar a un estado de *nagomi* con otras personas, incluso en un entorno escolar en el que hay demasiadas normas y muy poca indulgencia. Es maravilloso ver a Yutabon en un estado de ánimo realmente optimista, aprendiendo felizmente lo que quiere. El estado de ánimo de Yutabon es bastante inspirador, incluso desde el punto de vista de los adultos. La historia de Yutabon recuerda a la de Naoki Higashida, el autor de *La razón por la que salto: La voz de un niño desde el silencio del autismo*. En su libro, Higashida describe cómo superó las dificultades de crecer en un mundo en el que la gente que le rodeaba no sentía ni pensaba como él. Las experiencias de Yutabon y Higashida son únicas en el sentido de que no son sólo historias del triunfo de la individualidad, sino también de la realización de un *nagomi* con la sociedad. Puede que sus vidas no sean típicas, pero sus valientes relatos proporcionan importantes ideas sobre cómo podríamos vivir todos. Aprender a adaptarse a las diferencias de los demás es *nagomi* en acción.

Muchas de las dificultades y retos del mundo moderno están relacionados con el problema del yo. Es una tendencia humana natural compararnos con otras personas, pero con demasiada frecuencia nos juzgamos en relación con los valores percibidos por otras personas. Hay muchas expresiones que expresan este concepto, como «no ser menos que el vecino» «estar a la altura» o, como dicen en Japón, «la flor de al lado es más roja». A lo largo de nuestra infancia, adolescencia y edad adulta, nos permitimos compararnos con otros. Esto es muy normal, pero también puede causar problemas a la hora de alimentar y mantener el yo en comunidad, en el sentido más amplio de la palabra. Lo peor de todo es que a menudo concedemos a otras personas, especialmente a las cercanas, el poder y la autoridad para determinar la forma en que nos sentimos con nosotros mismos. Yutabon estuvo a punto de pasar por eso en su vida escolar, pero finalmente se negó a dejar que el profesor ejerciera demasiada influencia en la configuración de su personalidad.

En el pasado, el grupo de personas con el que nos comparábamos estaba definido por nuestra ubicación y círculo social, y, por tanto, era más pequeño. En los últimos años, servicios de redes sociales como Twitter, Facebook, Instagram y TikTok han hecho posible compararse con millones de personas de todo el mundo. Algunos utilizan las redes sociales como plataformas de autopromoción para mostrar al mundo lo guapos, bellos e interesantes que son. Esta especie de carrera armamentística entre individuos que se libra en las redes sociales ha llevado a una situación en la que muchos se sienten presionados para cuidar su presencia *online*, para hacerse publicidad a sí mismos. No hace falta decir que esto no conduce a la felicidad la mayoría de las veces; y aquí es donde entra el *nagomi*.

Para lograr la satisfacción en la propia vida, hay que llegar a un lugar de *nagomi*. El primer paso es la autoaceptación. Este reto es diferente para todos, porque las personas nacen en circunstancias diferentes. Los datos sugieren que la falta de amor y apoyo durante la infancia perjudica la capacidad de controlar las emociones en la edad adulta. Sin embargo, esto no quiere decir que las experiencias vividas en la infancia determinen y dominen nuestro bienestar en la vida posterior. Simplemente, algunas personas nacen en un entorno familiar afortunado, mientras que otras tienen dificultades para superar un comienzo de vida problemático.

Sin embargo, aunque tengas suerte con tu educación, eso no significa automáticamente que tengas *nagomi* natural. En la ciencia de la satisfacción vital (también conocida como felicidad), se sabe que un modelo cognitivo llamado ilusión de enfoque desempeña un papel importante. Describe la tendencia a centrarse demasiado en un defecto o carencia percibida en las circunstancias de uno mismo y a sentirse excesivamente insatisfecho (infeliz) por ello. Esto significa que es posible ser excesivamente infeliz, aunque objetivamente la situación no sea tan mala. Una persona rica puede tener la autopercepción de que es poco atractiva físicamente; una persona atractiva puede haber tenido unos padres que la menosprecien, una persona naturalmente inteligente puede haber tenido un acceso limitado a la educación. Rara vez alguien tiene suficiente suerte en todos los elementos que contribuyen a una buena vida. La clave es llegar a un *nagomi* con las circunstancias particulares con las que se nace.

Sabemos que no existe la vida perfecta, pero, con demasiada frecuencia, la gente cree que existe una solución mágica que resolverá todos sus problemas. Como todos sabemos, el dinero no puede comprar la felicidad, y mucho menos el amor, pero a veces pensamos que sí. O puede que creamos que ir a una universidad con buena reputación es lo más importante; pero, incluso si uno pudiera hacerlo, eso no significaría necesariamente que todos los problemas de la vida se fueran a resolver automáticamente. Una educadora afincada en Japón me contó una vez su experiencia al reunirse con algunos estudiantes asistentes de Harvard. Le dijeron que, incluso después de haberse graduado en Harvard, haber conseguido trabajos lucrativos y haber formado familias en casas enormes, algunos graduados seguían sintiéndose desolados e infelices. En Japón hay historias similares; las personas que se han graduado en las mejores universidades del país, como Tokio,

Kioto, Keio o Waseda, no tienen necesariamente una vida satisfactoria.

En este caso, dos metáforas pueden ser útiles para poner las cosas en perspectiva: la bala de plata y la alfombra mágica. La bala de plata se refiere a la idea de que existe una solución perfecta, un ingrediente clave que podría resolver todos nuestros problemas. Por otro lado, en la metáfora de la alfombra mágica hay muchos aspectos diferentes que hacen que tu vida sea buena. Combinar estos aspectos, en lugar de confiar en una sola cosa para mejorar tu vida, es el camino para lograr la satisfacción vital.

En general, no existe una bala de plata que pueda matar a la bestia y resolver mágicamente todos tus problemas, pero la gente tiende a perder demasiado tiempo buscando este tipo de respuesta en los lugares equivocados. Buscar la bala de plata es una de las falacias más perturbadoras de la vida. A lo sumo, puedes acabar con una cubertería de plata, pero probablemente nunca encuentres la bala.

Es mucho mejor buscar una combinación de muchos elementos —como tus relaciones, tu trabajo y tu estilo de vida— que te ayuden a sentirte más feliz. Esta es la solución de la alfombra mágica, en la que varios factores diferentes te ayudan a flotar sobre el mar de la desolación y el desastre. Esta es la solución que puede conducir a un mejor *nagomi*, tanto contigo mismo como con tu entorno. No se trata de una situación de o lo tomas o lo dejas en la que dejamos atrás las cosas que nos hacen infelices o deseamos tener otro trabajo o familia o más dinero. Se trata de una oportunidad de mantener el *nagomi*.

La autoestima es una parte importante para lograr el *nagomi*. La confianza en uno mismo es algo bueno siempre y cuando no vaya demasiado lejos, ya que un exceso de confianza dará lugar a una vida desequilibrada. Si tu ego es demasiado grande, puedes carecer de la compasión y la humildad necesarias para ser un buen amigo o compañero. Puedes pasar por alto a las personas más discretas y asumir con arrogancia que sabes más, cuando puedes beneficiarte de escuchar a los demás, aunque no tengan tanta confianza en sí mismos como tú. El *nagomi* de la autoestima es conocer tu verdadero yo, tus puntos buenos y malos, y aceptarlos. Aceptar las cosas que no puedes cambiar es un aspecto fundamental del *nagomi* del yo. Una forma de aplicar esto a tu vida es perdonar a los demás, en lugar de aferrarte a la ira, el resentimiento o la culpa. Tienes que perdonarte a ti mismo por las transgresiones del pasado y, del mismo modo, perdonar a los demás por las cosas que han hecho contra ti. No puedes lograr el *nagomi* si no tienes este equilibrio.

Si aceptas quién eres, nadie puede hacerte sentir mal contigo mismo. Lo que los demás digan o hagan no puede afectarte, porque la autoestima te proporciona la resistencia total. Un amigo australiano, que ahora vive en Tokio, bromeó una vez: «Siempre habrá gente más inteligente que tú, más rica que tú y más guapa que tú. Pero recuerda: ¡No hay nadie mejor que tú para ser tú!»

Otra de las formas cruciales para llegar a un *nagomi* del yo es *gaman*, que es un concepto japonés relacionado con la perseverancia. Es una de las premisas más importantes del budismo zen y sus principios han sido ampliamente loados y practicados durante mucho tiempo, sobre todo entre la clase samurái de la Edad Media. Se puede pensar que, dado que los guerreros samurái eran la clase dirigente, habrían contado sólo su lado de la historia y que sus valores no serán especialmente relevantes para nosotros en la actualidad; pero *gaman*, o autocontrol, bien podría ser la ética del siglo XXI. Por ejemplo, si estuvieras en una nave espacial, *gaman* podría ser una de las mejores virtudes que podrías tener. Un viaje a Marte duraría meses. Durante ese tiempo, practicar la autocontención, *gaman*, especialmente en el contexto de no molestar a otras personas y no requerir demasiado de los limitados recursos a bordo, sería esencial. De hecho, el proceso de selección de astronautas ya se centra en la capacidad de autocontrol de los candidatos.

Sin embargo, por mucho que nos esforcemos en mejorar las condiciones que nos rodean, no es posible crear un mundo perfecto; de hecho, la propia premisa de un mundo perfecto ha conducido repetidamente a condiciones terrenales de distopía. Con un poco de *gaman*, tal vez podamos lograr un *nagomi* con el mundo imperfecto en el que vivimos.

Así, el *nagomi* del yo está supeditado a la consecución del autoconocimiento, la aceptación, el perdón y la autoestima. En su forma más extrema y simple, el *nagomi* del yo llevaría a borrar todo rastro de preocupaciones centradas en el ego. En la cultura juvenil japonesa, como hemos visto en los casos de Yutabon e Higashide, existe un enfoque único para el establecimiento y mantenimiento del yo dentro del contexto social, también con elementos de liberación del yo. Y siempre hay un sentido de meditación zen, incluso en el punto álgido de las redes sociales. En el budismo zen, la sabiduría esencial consiste en liberarse de los deseos mundanos y establecer un equilibrio dentro de uno mismo sin que lo que ocurre en el exterior lo perturbe. La meditación te ayuda a desarrollar el *mindfulness* para lograrlo. Es como si uno pudiera ser un sacerdote zen en este mar de *paparazzi* y reporteros ávidos de comentarios. La clave para entender el zen del ser social en Japón es el anonimato. Para un observador de paso, Hiroyuki Nishimura, vestido casualmente y con su perilla característica, parecería un tipo ordinario, pero es el fundador del 2chan japonés, que en su momento fue el mayor tablón de anuncios anónimos del mundo, y ahora es el dueño de 4chan. (Por cierto, a veces se señala que Hiroyuki se parece a la popular representación de Guy Fawkes en las máscaras que llevan las personas involucradas en el movimiento *Anonymous*. Personalmente, estoy de acuerdo). La gente utiliza estos tablones de anuncios para hablar con otros usuarios anónimos sobre temas que van desde intereses compartidos, como el anime y el manga, hasta discusiones más serias sobre política, identidad y salud mental. El hecho de que todo el mundo sea anónimo en estos sitios significa que pueden ser más francos con sus opiniones y estar menos preocupados por ser juzgados. Esto es algo positivo, aunque puede facilitar actividades más oscuras, como el ciberacoso y las amenazas de violencia. He visto a Hiroyuki muchas veces, y es una persona despreocupada y sin pretensiones que comenta muchos asuntos públicos, pero casi nunca se centra en promover sus propios intereses. No es alguien que se ponga al frente para perseguir cosas en su propio beneficio, como suelen hacer muchos *influencers* en Internet.

La actitud de Hiroyuki parece ser característica de la cultura de Internet japonesa, en la que parece imperar el espíritu del anonimato y el «esto no va sobre mí». Una mayoría significativa de las cuentas de Twitter en Japón son anónimas, quizá porque mucha gente siente que puede expresar sus opiniones más libremente de esta manera. Aunque este predominio del anonimato tiene sus propias desventajas y problemas a la hora de promover el discurso público, el *ethos* del «esto no va sobre mí» ha contribuido a generar muchos memes interesantes en Internet, incluido el emoji, que es ahora un aspecto de la cultura *online* que no podemos imaginar que no exista. Los emojis no podrían haber surgido si no fuera por la tendencia general de los japoneses a esconderse detrás de los memes, en lugar de salir de la comodidad del anonimato para expresarse. El emoji es el resultado de un *nagomi* entre el impulso de expresarse y la necesidad de permanecer en el anonimato. Lo mismo ocurre en el mundo del anime. Durante muchos años, los actores de doblaje (*seiyu*) de Japón cuyas voces aparecían en las obras de anime permanecían en su mayoría en el anonimato, excepto para los fans más ávidos y curiosos. Es cierto que algunos actores de doblaje que aparecen en grandes obras de anime son conocidos tanto por su nombre como por su rostro, pero en general, es correcto decir que el mundo del anime japonés ha permanecido en un anonimato maravilloso, con muchos *seiyu* reconocidos sólo por su voz, y no por sus nombres o rostros. Este es un buen ejemplo del enfoque japonés de la individualidad: tener *nagomi* con el anonimato a la vez que se expresa, de otra manera, la propia individualidad en plenitud.

El último fenómeno en Japón es el vocalo-p, o productores de vocaloides. Un Vocaloid es un sintetizador de voz que canta, creado por Yamaha en 2004, y que recientemente se ha convertido en una plataforma para que los jóvenes compositores publiquen su música. Oleadas de vocalo-p han publicado con éxito su música, cantada por la inteligencia artificial del Vocaloid, y una mayoría significativa de los vocalo-p han permanecido en el anonimato, sin hacer públicos sus nombres ni sus fotos. Algunos de estos vídeos cuentan con millones de visitas y sus creadores ganan mucho dinero. De hecho, puede decirse que el anonimato es una de las tendencias más notables de la industria creativa japonesa actual.

En Japón, el anonimato siempre ha sido una parte importante en la construcción del yo en el contexto social. En la tradición poética *waka* de Japón, es bastante aceptable, y a menudo incluso está de moda, presentar una obra como *yomihitoshirazu* (literalmente, autor desconocido). A veces, los emperadores y otros nobles elaboraban un poema *waka* y lo firmaban como autor desconocido, debido a la sensibilidad del tema o a las particulares situaciones sociales implicadas. Muchos de ellos son poemas románticos de amor, que implican emociones apasionadas e imaginaciones salvajes. Un poema *yomihitoshirazu waka* del siglo x desea que los cerezos en flor caigan con fuerza, para que el camino se vuelva invisible, previniendo a un amante de que se aleje. Un poema *yomihitoshirazu* solía aparecer en una prestigiosa colección de poemas, editada por la corte real y avalada por el emperador.

Lo más significativo es que el himno nacional de Japón, *Kimigayo* (Por siempre tu reino), tiene una letra que se remonta al *Kokin Wakashū* (*Colección de poemas japoneses de la antigüedad y la modernidad*), que se publicó alrededor del año 905, y fue escrito por un autor desconocido (*yomihitoshirazu*). En Japón, el anonimato ha sido siempre una actitud socialmente aceptada. Es un modo respetable de expresarse, claramente hasta el punto de que un poema de un autor desconocido podría convertirse en la letra del himno nacional.

Aquí está la letra completa (es uno de los himnos nacionales más cortos del mundo):

Kimigayo wa
Chiyo ni yachiyo ni
Sazare-ishi no
Iwao to narite
Koke no musu hecho

Que su reinado, señor, dure mil generaciones,
ocho mil generaciones, hasta que los guijarros
se hagan rocas y de ellas brote el musgo.

La cultura del anonimato está muy arraigada en el país del sol naciente, y la ética del anonimato como expresión de la existencia individual tiene una profunda resonancia con la cultura japonesa del *nagomi*. El anonimato es un bello ejemplo del *nagomi* del yo en la sociedad, por el que los frutos de la creatividad no están necesariamente asociados a las identidades individuales.

El anonimato es también el hilo que une el mundo de los dioses. En Japón, se cree que hay ocho millones de dioses (*yaoyorozu no kami*); ocho millones es un número metafórico que representa el infinito. Así, un dios o una diosa alcanza un estatus casi anónimo en la teología de Japón, no porque sea insignificante, sino porque un dios o una diosa, por muy importante que sea, no es más que una gota en el vasto océano de dioses que supuestamente reinan sobre esta tierra. Así, los dioses en Japón asumen un estatus casi anónimo en la mente de un japonés típico. Un santuario sintoísta en Tokio o en cualquier otro lugar puede proclamar que consagra a este dios o diosa en concreto, pero desde la visión del mundo del sintoísmo tradicional, el nombre concreto de la deidad allí consagrada no tiene por qué ser crucial cuando la gente rinde respeto en el santuario. Es como si el devoto se inclinara ante un concepto colectivo de dioses, o incluso un *nagomi* de los ocho millones (infinitos) de dioses. En Japón, por razones posiblemente únicas desde el punto de vista cultural, los creadores de cultura como el manga, el anime, los juegos y la música suelen ser llamados dioses, pero esta denominación no invoca connotaciones teológicas serias. Hay una clara continuidad de mentalidad en la que el reino de los dioses está muy vinculado al mundo de los creadores, donde un importante hilo conductor es el anonimato.

La relativa poca importancia del individuo en la vida social, especialmente en el proceso creativo, es un aspecto interesante y único de la cultura japonesa. Se podría pensar que prescindir del papel de cada persona podría conducir a un deterioro de la calidad de las obras producidas, pero parece ocurrir todo lo contrario. Cuando uno no se ve obstaculizado por la importancia del yo, se libera de sus muchas y diversas limitaciones, maximizando así el ejercicio del poder creativo. Algunas personas critican la práctica del anonimato en Japón; de hecho, 2chan ha sido muy criticado e incluso ha sido objeto de varias demandas. Sin embargo, incluso de este que algunos describen como «caldo de cultivo del mal social» han florecido algunas maravillosas flores de creatividad, esencialmente a través del poder del anonimato.

Algunas personas podrían preferir un camino en el que uno exprese su identidad única libremente y se lleve todo el crédito por ello. Otros podrían decir que ser anónimo es un modo de vida de segunda clase, comparado con un camino hacia la cultura de la celebridad, más glamurosa y común en Occidente. Eso puede ser así. Sin embargo, la forma en que los vocalo-p, los actores de doblaje y la persona anónima que elaboró el himno nacional de Japón encontraron un *nagomi* entre el yo y la sociedad, al amparo del anonimato si es necesario, debería ser una inspiración para al menos algunos de nosotros. Esto hace que el espectro de las posibles dinámicas para establecer el yo en la sociedad sea mucho más amplio.

Y lo que es más importante, si eres una persona introvertida, aplicando estas técnicas de *nagomi* social puedes lograr un gran éxito mientras te mantienes en la intimidad, permaneciendo tan distante y alejado como la luna en el cielo.

El *nagomi* del yo permite la expresión de tu identidad única dentro del contexto de la sociedad. En una sociedad a menudo dominada por los *influencers* y el eco mediático, el *nagomi* del yo posibilita una forma sostenible y creativa de permitir que el yo esté sólidamente conectado a la sociedad en general, manteniendo al mismo tiempo una cierta distancia saludable.

4

El *nagomi* de las relaciones

Se puede decir que las emociones desempeñan un papel importante en nuestras vidas y relaciones. Sin emociones, sería difícil comunicarse eficazmente con la gente; pero la liberación desenfrenada de las emociones puede llevar a conflictos, tanto grandes como pequeños. Para lograr el *nagomi* en las relaciones, es importante estar emocionalmente equilibrado, y en este sentido, los japoneses tienen un conjunto único de trucos de vida.

La ética del *nagomi* en el contexto de las relaciones es que mantener la armonía es lo más importante, incluso si oculta las diferencias de opinión que existen bajo la superficie. *Nagomi* es la idea de que lo mejor es evitar la confrontación decisiva a cualquier precio. Se puede tener una conversación animada e incluso estar en desacuerdo, pero nunca se deben romper los lazos. No tiene sentido ser egoísta y crear desavenencias. Esto puede parecer un anatema para el amor occidental hacia las discusiones y los debates acalorados, pero en el contexto del polarizado panorama político actual, hay algo que decir sobre el antiguo arte de la armonía japonesa, el *nagomi*.

En el corazón del *nagomi* está la idea de que la relación en sí misma es lo más importante. Todos los individuos tienen valor y son esenciales, pero cada persona se define ante todo por sus relaciones; y los desacuerdos y las diferencias de opinión pueden negociarse, o incluso ignorarse, para mantener esa relación. Este principio es muy útil cuando se trata de las relaciones que no elegimos, como las familiares y, en cierta medida, las laborales.

El enfoque japonés de mantener el *nagomi* en las relaciones podría parecer a primera vista, junto con la percepción de la falta de visibilidad del carácter japonés, la antítesis de la libertad de expresión y el desarrollo de la individualidad. Sin embargo, es posible tener libertad para expresarse y *nagomi* a la vez. Para entender la forma tan creativa en que los japoneses logran esta combinación de *nagomi* de relaciones entre el yo, los demás y el entorno, consideremos el arte de la jardinería.

En la tradición jardinera japonesa, el *shakkei* (paisaje prestado) es una forma de establecer el *nagomi* entre lo que has diseñado de tu propia creación y el mundo en general. Al aplicar el *shakkei*, se consigue un equilibrio entre el jardín que se crea y lo que ya existía desde el principio. No se puede cambiar el paisaje natural, como los ríos y las montañas, y por eso muchos jardines famosos están construidos según el principio del *shakkei*. Por ejemplo, el jardín

Genkyuen de la ciudad de Hikone «toma prestadas» las vistas del adyacente castillo de Hikone, una obra maestra del periodo samurái designada como Tesoro Nacional. En Kioto, la Villa Imperial Katsura es famosa por su principio de *shakkei*. Si tienes la suerte de visitar Katsura, quedarás entusiasmado por la pura belleza y elegancia de sus edificios y su paisaje, que incorporan su entorno de forma ingeniosa.

Creo que el jardín *shakkei* más espectacular de Japón es la casa y los jardines de Sengan-en, en Kagoshima, al sur del país, donde comenzó la modernización de Japón. Sengan-en, sitio registrado como Patrimonio de la Humanidad por la UNESCO, abarca toda la bahía de Kinko-wan y la isla volcánica activa de Sakurajima como *shakkei*. Cuando paseas por los jardines de Sengan-en, parece que las grandes vistas a la montaña y al océano sean parte integrante de esta obra de jardinería. Los árboles, las rocas y las aguas de los jardines están diseñados de tal manera que se ven mejor cuando se aprecian con el telón de fondo del mundo exterior existente. Se trata de una obra maestra de la creatividad y el *nagomi*, que sigue inspirando a los japoneses y al resto del mundo.

En un jardín japonés, lo ideal es lograr un *nagomi* entre lo artificial y lo natural, de modo que haya una continuidad entre lo que se construye intencionadamente y lo que estaba allí desde el principio. Esta filosofía se extiende a la forma en que en Japón tratamos de conducir y alimentar nuestras relaciones.

No deberías intentar cambiar a las personas que te rodean. Debes dejarlas ser y, en cambio, centrarte en convertirte tú mismo en un individuo singular. A través del *shakkei*, puedes incluso ser una mejor persona cuando estás yuxtapuesto a otras personas. De hecho, la individualidad única de una persona a menudo puede brillar más cuando está flanqueada por otras personas. Por eso las parejas se llaman mutuamente su «media naranja». Curiosamente, parece que una persona es más capaz de expresar su propia identidad singular de forma creativa cuando consigue el *nagomi* de su relación.

En japonés, *en* puede traducirse aproximadamente como relación y también puede referirse específicamente al destino, la suerte o el azar. Cuando se está en *en*, significa que la relación con alguien refleja toda la red de conexiones que existe en el mundo. Cuando una relación tiene éxito, su éxito suele atribuirse al *en*, más que a los méritos o al esfuerzo individual. El *en* es un concepto crucial para entender cómo lograr el *nagomi* de las relaciones.

La importancia del *nagomi* de las relaciones se hace especialmente evidente ante los conflictos. Se considera muy importante mantener el *en* a pesar de las inevitables diferencias de opiniones y valores, y seguir manteniendo un *nagomi* de las relaciones sostenible.

En Japón, hay todo un género artístico dedicado a la idea de mantener el *nagomi* de las relaciones. El arte tradicional del *rakugo* es un magnífico ejemplo de la aplicación del espíritu del *nagomi*, especialmente en situaciones de confrontación. De hecho, la risa en el *rakugo* es tal vez lo más parecido a la forma de *nagomi* en la comedia, al menos en el contexto de la tradición japonesa. La risa es un método exitoso para mantener el *nagomi* de las relaciones, ya que mejora la capacidad de verse a uno mismo desde fuera.

En el *rakugo*, un solo narrador asume el papel de distintos personajes, a menudo en historias conflictivas. Por ejemplo, un solo artista de *rakugo* representaría a la esposa y al marido en un acalorado diálogo doméstico. En una famosa obra de *rakugo* conocida como *Shibahama* (Playa de Shiba), hay una serie de animadas conversaciones entre un pescadero y su esposa que viven en el Tokio de la era premoderna. Se trata de un género de *rakugo* llamado *Ninjo Banashi* (Cuentos conmovedores), que son historias humorísticas, pero bastante emotivas en esencia.

Lo que sigue es mi propia traducción, basada en mi recuerdo de haber escuchado *Shibahama* innumerables veces desde mi infancia. Dependiendo del artista del *rakugo*, los detalles de la historia y las representaciones de los personajes pueden variar. Por lo tanto, lo que se lee aquí es una narración genérica construida a partir de mi propia memoria. Es una obra maestra del *rakugo*, así como una hermosa encarnación del *nagomi* de las relaciones.

La historia es la siguiente. El protagonista, Kumagoro, había sido un hábil pescadero con muchos clientes leales y admiradores que disfrutaban del pescado de buena calidad que llevaba a sus puertas. Sin embargo, desarrolla una afición por el sake (teniendo en cuenta la excelente calidad del sake japonés, ¿quién no lo haría?) y bebe demasiado. Los pescaderos tienen que ir al mercado por la mañana temprano para comprar el pescado y prepararlo para sus clientes, pero, debido a su consumo excesivo de alcohol, Kumagoro no puede levantarse temprano por la mañana y llega al mercado tarde, cuando el pescado de primera calidad ya se ha acabado. Los clientes de Kumagoro, conocedores de lo que es bueno, se dan cuenta y poco a poco dejan de comprar su pescado. Kumagoro, por supuesto, se da cuenta de ello, pero por su orgullo herido finge que no le importa. Así comienza el círculo vicioso: Kumagoro bebe cada vez más, hasta que ya no puede levantarse por la mañana y ya no va al mercado del pescado.

Una mañana, después de que Kumagoro haya bebido mucho sake la noche anterior, su mujer le despierta y le dice que es hora de ir al mercado. Empujado por su insistente esposa, Kumagoro llega antes del amanecer y se dirige a la orilla del mar para refrescar su mente. Al salir el sol, observa algo en la orilla, y cuando lo recoge se da cuenta de que es una cartera. Lleva la cartera a su casa y, al abrirla, descubre que hay cincuenta *ryo* de monedas de oro (aproximadamente el equivalente a cincuenta mil dólares en la actualidad) dentro. Alborozado, Kumagoro se lanza a gastar. Como es un tipo fundamentalmente bondadoso, Kumagoro pide botellas de sake con costosos *tsumami* como *sashimi* y *sushi,* invita a sus amigos y organiza un gran banquete. Después de comer, beber y divertirse mucho, Kumagoro, embriagado de nuevo, se va a dormir.

Cuando Kumagoro se despierta, su mujer le insta a ir al mercado del pescado y a empezar el trabajo del día. Kumagoro se ríe y dice que no tiene que trabajar más, ya ha dado con su golpe de suerte con la cartera. La mujer sacude la cabeza y dice que no sabe de qué está hablando Kumagoro. Debe estar soñando, dice ella. No había cartera por ningún lado, y el día anterior se había puesto a gastar sin tener cómo pagar y ahora está endeudado. Kumagoro no da crédito a sus oídos. Está seguro de haber encontrado la cartera, pero, a medida que habla con su mujer, está cada vez menos seguro, dándose cuenta de que su memoria es confusa en cuanto a lo sucedido. Finalmente, Kumagoro admite que podría haber sido un sueño. Se sorprende de que haya bebido tanto como para tener estas alucinaciones. Kumagoro hace un voto de no volver a beber sake y se va al mercado del pescado. A partir de ese día, Kumagoro trabaja con diligencia. Como tiene buen ojo para el buen pescado y la habilidad para prepararlo de forma experta, sus clientes vuelven con ganas. La popularidad de Kumagoro explota, y gana mucho dinero.

Unos años después, Kumagoro y su mujer celebran la Nochevieja. Han ahorrado tanto dinero que ahora tienen su propia tienda en la calle principal. Disfrutan de una vida increíblemente acomodada, impensable poco tiempo atrás. La mujer de Kumagoro le agradece su esfuerzo y le dice que hay algo que tiene que decirle.

«¿Recuerdas la cartera que encontraste en la playa cerca del mercado del pescado?»

«Sí, pero pensé que era un sueño».

«Te dije que era un sueño en ese momento, porque tenía miedo de las consecuencias. Cuando te fuiste a dormir, le pedí consejo al viejo sabio del pueblo. Me dijo que era un error quedarnos con el dinero. Que había que llevarlo a las autoridades, dijo. Pensé que eso era lo más honesto. Así que, cuando te despertaste, te dije que era un sueño. Me creíste, como buen hombre, y te pusiste a trabajar con diligencia. Al cabo de un tiempo, como nadie reclamó la cartera y el dinero, nos lo devolvieron. Así que la cartera y el dinero están aquí, y son oficialmente tuyos. Lamento mucho haberte dicho una mentira».

Kumagoro se sorprende al saber que lo que le dijo su mujer en aquel momento era mentira, y que su «sueño» era en realidad algo que había sucedido.

«¿Estás enfadado conmigo?», pregunta tímidamente su mujer. Kumagoro sonríe.

«No, querida, no estoy enfadado. Gracias a tu ingenio y a tu plan, he recuperado el sentido común y he redescubierto el valor del trabajo honrado. Si hubiera gastado el dinero, me habrían descubierto y atrapado las autoridades. Me habrían castigado. Tú me has salvado. Te lo agradezco».

La mujer de Kumagoro llora de alegría. Son tan felices juntos.

«¿Te gustaría tomar un poco de sake?».

«Pero he dejado de beber».

«No pasa nada. Es la víspera de Año Nuevo. Nos merecemos celebrarlo».

«Pero no hay sake en nuestra casa».

«Déjalo en mis manos. Lo he preparado todo».

La esposa de Kumagoro trae sake, mantenido a la temperatura óptima.

«¿De verdad?» Kumagoro sonríe. Alborozado, se lleva la copa de sake a la nariz. «Hola, mi viejo amigo, cuánto tiempo sin verte. Hueles tan bien. Ah, el sake es tan agradable… ¿No crees?»

Cuando Kumagoro está a punto de tomar el primer sorbo, se detiene bruscamente.

«¿Qué pasa?», le pregunta su mujer.

«No quiero beber».

«¿Por qué?».

«Puede que vuelva a ser un sueño».

Con ese maravilloso remate, el maestro de *rakugo* hace una reverencia y abandona el escenario, habiendo realizado una de las rutinas más conocidas y apreciadas del *rakugo*.

La forma en que se escribe y se presenta una pieza de *rakugo* es interesante desde el punto de vista del *nagomi*. El formato de un solo intérprete que da vida a todos los personajes alimenta un sentido de *nagomi* de las relaciones, ya que el intérprete y los oyentes a menudo se turnan para asumir los puntos de vista de personajes opuestos. En una obra larga con un argumento elaborado, es posible que un artista del *rakugo* sea más de diez personajes diferentes. En el caso de *Shibahama*, con un solo artista de *rakugo* que representa al pescadero Kumagoro y a su esposa, el hecho de que una sola persona pueda representar las voces de dos personajes con estas opiniones antagónicas es un maravilloso ejemplo del espíritu del *nagomi*.

Esto representa la forma en que en la sociedad japonesa se intenta establecer el *nagomi*, por muy antagónicas que sean las opiniones de los demás. Hay algo profundamente conmovedor en el enfoque del *rakugo*, ya que la resolución suele representar una posición de armonía entre los personajes.

Rakugo también muestra un elemento esencial de cómo los japoneses logran un *nagomi* de relaciones: el *zatsudan*.

Zatsudan es una palabra japonesa que describe la «pequeña charla». *Zatsu* se refiere a la rica diversidad de temas en una conversación y *dan* tiene que ver con las narrativas variopintas que traslucen de la idiosincrasia de las conversaciones cotidianas. *Zatsudan* capta las diversas y a menudo imprevisibles conversaciones que la gente mantiene mientras toma el té, cena o simplemente está de pie en la calle. *Zatsudan* es la apoteosis del espíritu del *nagomi* de la conversación y desempeña un importante papel en la comunicación. De hecho, se cree que el arte del *rakugo* evolucionó a partir del *zatsudan*; en la era Edo de Japón, gobernada por los samuráis (1600-1868), se dice que los artistas ofrecían entretenidos *zatsudan* ante ricos mecenas mercantiles.

El *zatsudan* es espontáneo y creativo, y el *rakugo* es un maravilloso ejemplo de ello en acción. En las salas de música de Tokio, es costumbre que el intérprete ajuste y afine los detalles del acto en función del público presente en el teatro ese día. Por eso hay varias versiones de obras maestras clásicas como *Shibahama*. Hay incluso una tradición del *Sandaibanashi* (Historia de tres temas), en la que un hábil intérprete crea una historia de *rakugo* completamente nueva en el momento, basada en tres temas diferentes propuestos por miembros del público elegidos al azar. El

Shibahama fue creado por el legendario maestro de *rakugo* Sanyutei Encho en el siglo XIX, y lo basó en los temas de «borracho», «cartera» y «*Shibahama*», que le proporcionaron los miembros del público del teatro.

Hay algo sublime e incluso noble en el concepto de *zatsu*, el adjetivo de la palabra *zatsudan*. La palabra *zatsu* puede traducirse como misceláneo, salvaje o diverso, y se utiliza en muchos contextos diferentes. Por ejemplo, la palabra japonesa para revistas es *zatsushi*, la palabra para plantas diversas es *zatsuso*, y un perro o gato de raza mixta es *zatsushu*. *Zatsu* representa la profundidad y el abanico de cosas que podemos encontrar en la vida, y es, por tanto, una celebración de la diversidad.

Por otro lado, *zatsu* puede tener a veces connotaciones negativas. A los japoneses también les gusta el concepto antitético de pureza, y la palabra *ma* se refiere al concepto idealizado de pureza, como en *mashiro* (blanco puro), *maatrashii* (nuevo puro) y *magokoro* (corazón puro). El *nagomi* de las relaciones sólo puede lograrse cuando se consigue un equilibrio entre el *zatsu* (misceláneo) y el *ma* (puro). En la filosofía de vida japonesa, se considera generalmente que necesitamos tanto lo puro como lo diverso para sustentarla. Como ya comentamos en el capítulo 2, para poder disfrutar y beneficiarnos de la comida mediante la práctica del *kounaichoumi* (cocina en la boca), necesitamos tanto el arroz (que es puro) como el. *okazu* (que es misceláneo) para mantener una vida sana y robusta. En una *izakaya*, es la combinación de sake (que está hecho de arroz, y por lo tanto es puro) y *tsumami* (que es diverso) lo que hace que la experiencia culinaria sea tan agradable.

El *nagomi* trata de encontrar el equilibrio en todas las relaciones. Esto puede ser especialmente difícil de conseguir en el amor romántico, que puede perturbar la mente más comedida.

Hay algo fundamentalmente insostenible en el amor romántico. Ese amor tan romántico de Romeo y Julieta sólo duró cuatro días; nadie sabe cómo habría evolucionado su amor si hubiera durado más tiempo. Uno solo puede esperar, que de haber tenido más tiempo, habrían descubierto el *nagomi* del amor.

Esto se ejemplifica maravillosamente en una película del director japonés Yasujiro Ozu, de quien hablaré con más detalle en el capítulo 6. Una de sus películas menos conocidas, *Ochazuke no aji* (El sabor del té verde sobre el arroz), muestra el *nagomi* en el contexto del amor romántico. En la película, un matrimonio pasa por una especie de crisis de la mediana edad, en la que la esposa (interpretada por Michiyo Kogure) piensa que su marido (interpretado por Shin Saburi) es demasiado aburrido para ser objeto de su amor ardiente. El aparente estancamiento de su relación doméstica cambia cuando el marido recibe la orden de su empresa de ir solo a Uruguay. La esposa no cree que esta abrupta partida de su cónyuge sea lo suficientemente importante como para ir al aeropuerto a despedirlo. Sin embargo, en su ausencia se da cuenta de lo importante que es para ella. Cuando él regresa a casa inesperadamente, diciendo que hubo problemas con el avión, ella se alegra. La película termina cuando se dirigen a la cocina para preparar juntos un plato de *ochazuke* (un plato sencillo que se prepara vertiendo té verde sobre un cuenco de arroz). No es una comida muy romántica: no hay velas, ni copas de champán ni mantelería blanca en la mesa, pero su amor sutil por el otro es claro y conforma una película muy conmovedora.

Me pregunto si un tratamiento como este habría tenido sentido fuera de Japón, donde el amor romántico es el que manda. Para un público japonés típico, el final aparentemente mundano de *Ochazuke no aji* habría tenido mucho sentido, al menos cuando se estrenó la película (1952), cuando los matrimonios concertados, la antítesis del amor romántico, eran todavía bastante comunes en la sociedad japonesa. Tal vez incluso hoy en día, el amor japonés se simboliza mejor con el acto de compartir un cuenco de arroz con té vertido por encima. Es coherente con el camino del *nagomi* de la vida abrazar la evolución de una relación; no tendría sentido tratar de permanecer en el mismo estado de enamoramiento de los días iniciales del amor romántico. La vida es cambio, y es hermoso crecer juntos.

5

El *nagomi* de la salud

Los japoneses suelen tener la vida más larga y saludable del mundo. La idea de que hay algo especial en Japón que favorece una vida larga y saludable existe desde la antigüedad.

En una leyenda china, el alquimista y explorador Xu Fu fue enviado por el emperador Qin Shi Huang al mar Oriental, en busca del elixir de la vida. Qin Shi Huang fue el primer emperador de la China unificada, fundando la dinastía Qin. Aunque Qin Shi Huang era muy poderoso, sin parangón en esa tierra, su único temor era la inevitabilidad de la muerte. Por ello, Qin Shi Huang envió al afamado Xu Fu al legendario monte Penglai, donde se encontraría el elixir de la vida, que daría al bebedor la vida eterna.

Desafortunadamente para Qin Shi Huang, Xu Fu nunca regresó de su viaje al mar del Este. La leyenda cuenta que Xu Fu llegó a un lugar llamado Monte Penglai y, habiendo encontrado un paraíso, eligió vivir allí por sí mismo, en lugar de informar al emperador que lo esperaba ansiosamente.

Aunque todavía no he descubierto el elixir de la vida por mí mismo, es cierto que Japón es un país donde parece residir la receta secreta de la longevidad. Este secreto no depende de una poción mágica, sino que es el resultado de la actitud holística hacia la vida; y en el centro de todo ello, se encuentra el *nagomi*. El *nagomi* está en el centro de la salud de los japoneses. Por supuesto, las mejoras en las condiciones de vida y los avances que han traído la ciencia y la tecnología han aumentado la esperanza de vida en muchos países. A estas ventajas se suma el *nagomi* de la salud, que consiste en comprender que el bienestar depende de muchos elementos diferentes y que lograr un equilibrio entre ellos es crucial para el mantenimiento de una buena salud.

En general, cuando hay un problema en la vida tendemos a centrarnos en un solo factor, porque es conceptualmente fácil hacerlo. Por ejemplo, podemos tomar píldoras de vitamina D en lugar de caminar al aire libre, una actividad que los japoneses llaman *shinrin-yoku* (baño de bosque), y aprovechar la luz natural, aunque este último enfoque funcionaría de forma mejor y más sostenible.

Anteriormente mencioné la diferencia entre los enfoques de la bala de plata y la alfombra mágica: el *nagomi* de la salud debe basarse en el enfoque de la alfombra mágica, en lugar del enfoque de la bala de plata. Equilibrar los diferentes factores de tu vida es un principio básico del *nagomi* de la salud. Otro elemento importante es afrontar tus propios deseos. En mi último libro escribí sobre el *ikigai*, y este concepto está estrechamente relacionado con el *nagomi* de la salud.

En términos prácticos, hay muchos aspectos diferentes de *ikigai*. Incluso pequeñas cosas como, por ejemplo, sacar a pasear al perro o preparar una taza de té por la mañana pueden ser tu *ikigai*. En un nivel más conceptual, la esencia del *ikigai* tiene que ver con la flexibilidad y la inclusión en relación con las personas que nos rodean y con nosotros mismos.

Para apreciar y aplicar el *ikigai* en tu vida, es crucial entender lo que no es el *ikigai*. No es una ideología con una lista específica de lo que hay que hacer y lo que no. Existe un diagrama de Venn del *ikigai* que circula ampliamente, con cuatro círculos superpuestos que representan: lo que amas, lo que el mundo necesita, lo que te pueden pagar y lo que sabes hacer. El diagrama establece que la intersección entre lo que amas y lo que el mundo necesita es la misión, la de lo que el mundo necesita y lo que te pueden pagar es la vocación, la de lo que te pueden pagar y lo que sabes hacer es la profesión, y la de lo que sabes hacer y lo que amas es la pasión.

Existen ambigüedades y diferencias de opinión sobre el origen de este diagrama, pero lo que es seguro es que no es japonés. Visto desde una perspectiva japonesa, hay algo contraintuitivo en la forma en que se representa el *ikigai* en ese diagrama. Es demasiado limitado y restringido. El *ikigai* se define como algo que satisface los cuatro requisitos, lo cual es una condición realmente rigurosa. En efecto, sería bonito poseer todos esos valores, pero eso es demasiado bueno para ser verdad. Ni que decir tiene que, si se puede tener un *ikigai* que satisfaga todas estas condiciones, entonces estupendo; pero esforzarse por cumplir todos estos requisitos podría convertirse en una obsesión y privar de la libertad de vivir una vida flexible y de tener un *ikigai* en consecuencia.

En realidad, el *ikigai* no tiene nada que ver con un diagrama de Venn; es más flexible y tolerante que este. Puede que te guste hacer música, pero que no seas bueno en absoluto. Eso está perfectamente bien, y aun así puedes convertirlo en tu *ikigai*. Puede que te guste dibujar como pasatiempo no remunerado, y eso estaría muy bien siempre que te diviertas. Puede que quieras estudiar algo aunque el mundo no lo necesite, y eso seguiría siendo tu *ikigai* perfecto. Ciertamente, es necesario amar algo para tener un *ikigai*. Todos los demás aspectos son detalles no esenciales. El psicólogo húngaro Mihaly Csikszentmihalyi estudia el «flujo», un estado mental en el que estás absorto en algo. Cuando estás en el flujo, exhibes tu máximo rendimiento, disfrutando al máximo de lo que estás haciendo. Te olvidas del paso del tiempo y te olvidas de ti mismo. Cuando estás en el flujo, te conviertes en uno con lo que estás haciendo. Ser uno con lo que estás haciendo es un elemento esencial del *ikigai* y del *nagomi* de la salud.

En términos más prácticos, nuestra dieta es uno de los aspectos más importantes de la vida basada en el *nagomi*. Una de las cosas que se notan al pasear por las calles de Tokio es que hay menos personas con sobrepeso de las que podría haber en otros países —a menos, claro, que se vaya a la zona de Ryogoku, en la parte oriental de Tokio, donde se encuentran muchos establos de sumo. Los luchadores de sumo engordan por motivos profesionales, y la forma tradicional de preparar la comida para los luchadores de sumo —conocida como *chanko*— hace posible que aumenten de peso sin perder la salud. La forma de cocinar al modo *chanko*, consistente en una sabrosa sopa hecha con verduras, pescado y carne y aromatizada con soja o miso, es una de las delicias desconocidas de la cocina japonesa. La sorprendente agilidad de estos luchadores de sumo con sobrepeso es un testimonio de la excelencia del modo de cocinar y comer japonés.

Aparte de los luchadores de sumo, en Japón existe una ética más general de no comer ni beber en exceso. Los japoneses tienen un concepto llamado *harahachibu*, que significa literalmente estómago al ochenta por ciento. Se trata de la idea de que hay que dejar de comer antes de estar realmente lleno, es decir, cuando sólo se está al ochenta por ciento. Se trata de una estrategia sensata para evitar comer en exceso, ya que hay un retraso entre el momento en que la comida entra por la boca y el momento en que llega al estómago y al intestino y, finalmente, circula por la sangre para proporcionar la sensación de haber comido suficiente. Comer con la ética del *harahachibu* es, en pocas palabras, establecer el *nagomi* con tu apetito, y podría ser uno de los hábitos de salud más eficaces que puedes adquirir en tu vida.

Un ejemplo verdaderamente maravilloso de *harahachibu* se puede aprender de los sacerdotes zen. El templo Eiheiji, en la prefectura de Fukui, en la región de Chūbu de Honshū, es uno de los lugares más venerables de Japón para formarse como sacerdote budista. Una vez tuve una serie de conversaciones muy interesantes con Jikisai Minami, un sacerdote zen que se formó allí durante más de diez años. Me habló de la dieta tan rudimentaria que un discípulo disfruta (o soporta, según se mire) en el templo. Se basa en el sistema de *ichiju issai*, que literalmente significa una sopa, un *okazu* (plato), más arroz. Aunque las raciones son pequeñas y los ingredientes limitados, estas comidas son la culminación de la sabiduría acumulada durante muchos siglos, transmitida en su mayor parte como costumbres no escritas, y sostienen la mente y el cuerpo de los jóvenes sacerdotes que pasan por arduos horarios de entrenamiento (normalmente se levantan a las tres de la mañana en verano y a las cuatro en invierno para meditar mientras sale el sol).

Comer se considera una parte importante y esencial de la formación budista. De hecho, el consumo de alimentos es una forma de meditación para estos jóvenes sacerdotes. Comen en silencio, dando gracias por los alimentos que reciben. Los sacerdotes se lo comen todo, sin dejar ningún rastro de comida, de modo que cuando terminan, la vajilla está tan limpia que puede guardarse, tal cual, en un paño y volver a utilizarse para la siguiente comida.

Tras graduarse en la Universidad de Waseda, en Tokio, Jikisai Minami pasó más de una década en el templo Eiheiji, durante la cual pasó de ser un intelectual en una de las universidades más prestigiosas de Japón a un sacerdote budista practicante. Jikisai me contó que estas comidas tradicionales son tan equilibradas en cuanto a nutrientes y raciones que, una vez que los jóvenes sacerdotes han llegado al templo para iniciar su formación, empiezan a estar muy sanos. Su piel se vuelve joven y brillante y sus cuerpos delgados y ágiles. De hecho, los sacerdotes de Eiheiji tienen un aire de elegancia propio de los modelos de pasarela de un desfile de moda de París. Jikisai me contó que, desde que empezó a entrenar en Eiheiji, se hizo más popular entre las mujeres (sí, en el Japón moderno los sacerdotes budistas se casan).

Sin embargo, no todo el mundo puede adaptarse a este enfoque tan arduo de la comida y la vida en el templo zen. Una vez, cuando visité el templo Eiheiji en un taxi, el conductor me dijo que a veces llevaba a los sacerdotes jóvenes de vuelta a la estación más cercana. Estos eran los que no podían aguantar más y se escapaban del templo, volviendo a un mundo donde podían comer lo que quisieran, en la cantidad que desearan. Es humano, me dijo el taxista, riendo de forma agradable.

Es cierto que no todos podemos ser sacerdotes zen, pero los que vivimos en el mundo secular debemos seguir intentando prestar atención a nuestra dieta y hacerla equilibrada. El *nagomi* de la salud significa que es importante hallar variedad en lo que comemos. De hecho, es interesante observar que incluso un japonés típico, que no está especialmente preocupado por la salud, intenta conseguir un equilibrio en su dieta; hoy en día, en Japón hay una creciente conciencia de la necesidad de comer una amplia variedad de alimentos, de conocer los ingredientes, los nutrientes y los métodos de cocción, así como el impacto medioambiental de la producción de alimentos. La palabra *shokuiku* (educación alimentaria) se está haciendo popular entre los japoneses.

El Dr. Teiji Nakamura, un médico de voz suave que ha dedicado su carrera a la nutrición como campo de la medicina preventiva, celebra la sofisticación de la dieta japonesa y cree que podría servir de modelo para las personas de todo el mundo que quieran mejorar su alimentación. Ha hecho una campaña entusiasta por la mejora de la nutrición entre el público en general, con el fin de mantener una buena salud. Gracias al Dr. Nakamura y a otros como él, los menús de los almuerzos escolares que se ofrecen en las escuelas primarias japonesas son modelos de cómo lograr un *nagomi* en la dieta.

Otro beneficio de la dieta japonesa es su énfasis en mejorar la microbiota intestinal. Los alimentos fermentados, como el miso y el *shoyu* desempeñan un papel importante en la cocina japonesa. Originalmente, la técnica de la fermentación se desarrolló como una forma de conservar los alimentos y las bebidas antes de que se inventara la tecnología de la refrigeración, y ahora se entiende que produce alimentos que son muy buenos para nuestra salud digestiva e inmunidad. El proceso de fermentación produce microorganismos como bacterias, levaduras y hongos que convierten el azúcar y el almidón de los alimentos en alcoholes o ácidos que funcionan como conservantes naturales. De hecho, en la mayoría de los hogares japoneses no pasa un día sin que se consuma miso y *shoyu*, y es una buena noticia que Occidente esté adoptando alimentos fermentados como la *kombucha*, el *kimchi* y el kéfir.

El consumo de alimentos y bebidas que han sido sometidos a fermentación contiene beneficios para la salud que van más allá de la conservación de los alimentos. La transformación de azúcares y almidones potencia las bacterias naturales y beneficiosas de los alimentos. Se cree que estas bacterias, conocidas como probióticos o bacterias «buenas», ayudan a una multitud de problemas de salud, en concreto de la salud digestiva.

La alimentación es una parte importante del *nagomi* de la salud, al igual que la actividad física. Las actividades físicas que realizan los monjes budistas son muy variadas. El barrido de los jardines y la limpieza de los suelos del templo son elementos básicos del entrenamiento. En casos extremos, unos pocos monjes de élite seleccionados realizaban maratones nocturnos en las montañas, de hasta mil días, en un esfuerzo por alcanzar la iluminación. Desde la perspectiva moderna, estas actividades podrían considerarse como deportes y juegos de la tradición budista, que alimentan el *nagomi* de la salud, que finalmente conduciría a la iluminación.

Además de las formas obvias y oficiales de mantenerse en forma y saludable, como los deportes y los juegos mencionados anteriormente, el *shinrin-yoku*, o baño en el bosque puede considerarse una de las cimas del *nagomi* de la salud.

El concepto y la práctica del *shinrin-yoku* se están haciendo cada vez más populares en todo el mundo, y es interesante analizar cómo surgió en primer lugar. *Shinrin-yoku* es una palabra relativamente nueva, acuñada en 1982 por Tomohide Akiyama, el jefe del Ministerio de Bosques en aquel momento. *Shinrin* significa bosque y *yoku* es una palabra japonesa genérica que se utiliza para describir el baño. Además de utilizarse para hablar del baño en una fuente termal *onsen* (*onsenyoku*) o en el océano (*kaisuiyo-ku*), existen el *nikkoyoku* (baño con rayos de sol) y el *get-sukoyoku* (baño a la luz de la luna). Akiyama es originario de la prefectura de Nagano. Nagano, que acogió los Juegos Olímpicos de Invierno en 1998, está situada en el centro de Japón, y es famosa por sus hermosas cordilleras y sus profundos e inmaculados bosques. En su infancia y juventud seguramente Akiyama experimentó en sus propias carnes las bondades del bosque.

Sumergirse en el entorno del bosque no es exclusivo de Japón. Lo que es único en el concepto japonés de *shinrin-yoku* es la idea de que uno se baña en la atmósfera del bosque. El ideal japonés de baño es establecer *nagomi* con el medio en el que se está, ya sea un *onsen*, el océano o el bosque. Si te bañas en una fuente termal *onsen*, intentarás establecer *nagomi* con el agua caliente y rica en minerales dejando que el calor active varias reacciones fisiológicas dentro de tu cuerpo, así como absorbiendo los minerales a través de tu piel. Si se trata de un baño en el bosque, se trata de establecer *nagomi* con lo que te rodea sumergiéndote a través de los cinco sentidos en el murmullo de las hojas, el canto de los pájaros y el soplo del viento. La belleza del *nagomi* obtenido a través del baño es que puedes dejarte llevar y permitir que tu cuerpo y tus procesos inconscientes hagan todo el trabajo necesario para lograr el *nagomi*.

La esencia del concepto de *yoku* es ser uno con algo. *Yoku* puede referirse a la inmersión en cualquier ambiente. Si consigues ser uno con el entorno, eso sería *yoku*. El concepto de bañarse, o de hacerse uno con el entorno, y por lo tanto lograr el *nagomi* con uno mismo y con el entorno, es una parte muy importante de los valores y la ética japoneses, quizás la base de todo lo que es importante en la cultura japonesa.

El hecho de que el concepto de *shinrin-yoku* fuera propuesto originalmente por el jefe del Ministerio de Bosques sugiere que Akiyama buscaba probablemente otras formas, además de la explotación forestal, de apoyar y justificar la existencia de los bosques japoneses. Para que el bosque siga siendo bello y próspero, es necesaria la intervención humana. El bosque necesita un cuidado y una preservación continuos por parte del hombre. En una época en la que cada vez es más necesario buscar un equilibrio entre las actividades humanas y la preservación del medio ambiente, la dirección a la que apunta el *shinrin-yoku* es importante e inspiradora.

Cuidar bien el cuerpo y la mente es indiscutible si se quiere alcanzar el *nagomi* de la salud. Ningún factor por sí solo es suficiente para sostenernos en la complejidad de la vida. El ejercicio y el descanso, el trabajo y el juego, los retos y la comodidad, el éxito y el fracaso, todo ello nos lleva a una vida equilibrada y armoniosa. En la forma en que abordamos nuestra salud tendemos a centrarnos en un elemento en lugar de en el conjunto más complejo; quizás deberíamos evitar simplificar en exceso las explicaciones acerca de la buena salud. Afirmaciones como: «Salgo a correr todos los días y por eso me mantengo tan sano». «Me como un yogur por la mañana y eso me mantiene joven». «Sonrío cada vez que me encuentro con alguien y eso me hace feliz». Estas ideas pueden parecer razonables, pero es probable que sean representaciones erróneas de lo que realmente ocurre en términos de *nagomi* de la salud. Pueden ser buenos hábitos, pero el *nagomi* abarca todo un espectro de elementos que contribuyen a nuestro bienestar.

No hace falta que te entrenes como un monje budista, pero puedes comer con atención, siendo consciente de lo lleno que estás, agradeciendo la comida que has recibido y aprovechando los alimentos frescos, de temporada, sabrosos y nutritivos. Intentar mantener tu habitación limpia y ordenada puede ser un gran ejercicio de *nagomi*, porque requiere tu atención completa y una ejecución equilibrada. Pasar tiempo al aire libre y apreciar realmente —bañarse en— la atmósfera es importante; ya sea para bañarte en el bosque o para apreciar el ambiente del lugar que tú elijas.

Poniendo todo esto en práctica, y siendo consciente de que no existe una bala de plata que sirva como respuesta, estarás bien encaminado para lograr el *nagomi* de la salud.

6

El *nagomi* del aprendizaje permanente

A lo largo de su historia, Japón nunca ha sido un país rico. Incluso hoy en día, aunque Japón es pionero en términos de tecnología moderna avanzada, tiene una dotación muy escasa de recursos naturales, como petróleo, gas y metales raros. Los únicos recursos naturales abundantes, quizás, son el agua dulce y la sobreabundancia de agua de mar.

Tal vez por ello, los japoneses siempre han sido muy conscientes de que debían confiar en su cerebro para ganarse la vida. De hecho, desde mi infancia, he escuchado a menudo el dicho en boca de mis padres y otros adultos de que «el cerebro es el único recurso abundante en Japón».

El conocimiento y la sabiduría son las reservas naturales del siglo XXI. En cierto sentido, las experiencias de los demás son una gran «reserva de petróleo» que cualquiera puede aprovechar en cualquier momento.

Sin embargo, para muchos de nosotros, gran parte de nuestra educación se concentra en la primera parte de nuestras vidas y, con demasiada frecuencia, el sistema de educación formal hace que el aprendizaje se perciba como un trabajo, y que el día de la graduación en la educación secundaria o universitaria se celebre como un escape de la necesidad de estudiar. Sin embargo, la vida es larga y nuestra capacidad de aprender y crecer continúa durante toda la vida.

El aprendizaje permanente es fundamental para lograr el *nagomi* en la vida, independientemente de la edad que se tenga. Cuando somos jóvenes, debemos escuchar siempre a las personas mayores, porque podemos beneficiarnos de su experiencia. De hecho, escuchar a los mayores es un lema en el que se suele hacer hincapié en la cultura japonesa. Pero al mismo tiempo, cuando somos maduros debemos escuchar a los jóvenes, porque pueden contarnos cosas nuevas que nosotros ignoramos. Necesitamos tanto la sabiduría de la edad como los nuevos conocimientos de la juventud para devenir seres completos.

La sabiduría es primordial en la cultura japonesa. Yasujiro Ozu, posiblemente el mejor director de cine que ha salido de Japón hasta ahora, fue un maestro del *nagomi*. Sus películas *Cuento de Tokio*, *Principios de verano*, *Primavera tardía* y *Una tarde de otoño* retratan el *nagomi* entre la gente, especialmente en la familia. Sus películas nos hablan de la aceptación de las imperfecciones de la vida y de los cambios inevitables que conlleva el camino de la vida, como el matrimonio y la muerte. No estaría lejos de la verdad decir que muchos japoneses consideran que convertirse en el tipo de personaje que aparece en las películas de Ozu, como el padre comprensivo y que todo lo acepta, es el objetivo final del aprendizaje permanente. En la ceremonia de clausura de los Juegos Olímpicos de Tokio 2020 —celebrados un año más tarde de lo previsto, en 2021, debido a la pandemia de coronavirus—, sonó el tema musical de *Cuento de Tokio* mientras se introducía la bandera nacional japonesa en el estadio. La música agridulce encajaba en el ambiente del final de unos Juegos Olímpicos celebrados en tiempos difíciles. Las obras maestras de Ozu representan la más alta apreciación del valor emocional y la fragilidad del *nagomi* de la vida, ya que reconocen la realidad de la existencia humana desde una perspectiva profunda. La familia de Ozu procedía de Matsusaka, una pequeña ciudad del oeste de Japón. Ozu pasó su niñez y años de aprendizaje en dicha ciudad, y algunos sugieren que el ambiente cultural de esta afectó profundamente a sus obras posteriores. Matsusaka ha dado lugar a otra figura cultural de enorme importancia en la historia de Japón: Norinaga Motoori (1731-1801), posiblemente el mayor estudioso de la japonología (en japonés *kokugaku*, literalmente estudio nacional) del periodo samurái. Yasujiro Ozu tiene un parentesco lejano con Norinaga Motoori; Motoori formaba parte de la familia Ozu, pero abandonó la vida de comerciante y cambió su apellido por el de Motoori, la denominación tradicional por parte de su padre. Es bastante fascinante que dos de las mayores celebridades de la cultura japonesa procedan de la misma pequeña ciudad.

En el Japón del siglo XVIII, época en la que Motoori estaba en activo, no había editoriales comerciales. Ahorró parte de su salario, procedente de su trabajo como médico de niños, en un brote de bambú, y cuando hubo reservado suficiente dinero, se dedicó a autopublicar sus obras, incluyendo un ensayo sobre *La historia de Genji*, y su análisis del *Kojiki* (*Registros de asuntos antiguos*). Se considera que las obras de Motoori marcaron una época. Antes de él, nadie prestaba la misma atención al *Kojiki* (compuesto en 711-712), aunque era un valioso documento sobre la historia y la mitología antiguas de Japón (que a menudo se mezclaban, como ocurre en muchas otras culturas). Motoori lo hacía todo por el puro placer de aprender y comprender. No le pagaban por su trabajo como estudioso de la japonología; era una labor vocacional, literalmente por amor al arte.

Matsusaka era una ciudad llena de mercaderes muy ricos que disfrutaban de todos los placeres que puede ofrecer este mundo flotante. Cuando estos mercaderes, que presumiblemente habían agotado todas las alegrías terrenales y la opulencia que el dinero podía comprar, acudieron a las conferencias de Motoori, descubrieron que aprender sobre *La historia del Genji* y el *Kojiki* era mucho más placentero que los bienes materiales. Es tan maravilloso observar cómo la gente puede transformarse a través del aprendizaje, incluso con una exposición muy breve a una situación de aprendizaje. En particular, el encuentro con alguien que puede inspirarte, darte ideas y orientación para objetivos a largo plazo, y dejar una impresión duradera en ti, puede ser un gran legado en tu vida, aunque sea un encuentro de lo más breve.

Más adelante, Motoori escribió un tratado corto sobre el proceso de aprendizaje, *Uiyamabumi* (que literalmente significa primeros pasos en las montañas), en el que comparaba la entrada de una persona en el mundo del aprendizaje con el viaje inicial del aprendiz de sacerdote budista a las montañas, donde buscaría el despertar espiritual. Hoy en día, la escuela de japonología fundada por Motoori sigue teniendo una profunda influencia en la forma en que el pueblo japonés se ve a sí mismo.

Una de las ideas más importantes de esta historia es que se puede encontrar *nagomi* a partir del aprendizaje. Los acaudalados comerciantes que acudían a las conferencias de Motoori podían encontrar el *nagomi* con su modo de vida, por lo demás materialista. Este es un fenómeno que podemos observar incluso hoy en día, en todo el mundo; muchas personas que se han hecho ricas, por ejemplo, en el comercio de acciones, no pueden satisfacerse sólo con ser ricos y buscan la satisfacción en la cultura y las artes. A menudo compran, por ejemplo, obras de arte de precio elevado. Algunos pueden decir que esto es una forma de presumir de sus riquezas, pero en el fondo están encontrando *nagomi* con sus vidas a través del proceso de aprendizaje facilitado por su exposición a la cultura y las artes, no sólo por la posesión material de obras de arte.

Unos ciento cincuenta años después de la época de Motoori, su pariente lejano Yasujiro Ozu rodaría películas que revelarían verdades humanas fundamentales. Cuando se visionan las serenas obras maestras de Ozu, se ven bellos ejemplos de la aceptación de la vida debido a un largo compromiso con el aprendizaje. Son maravillosos estados de *nagomi* en la agitación del Japón de posguerra, y nos muestran el gran poder del proceso de aprendizaje, especialmente cuando se aplica a aquellas lecciones de vida que nos conmueven a nivel personal.

Considerar la madurez de Ozu como resultado del *nagomi* del aprendizaje a lo largo de la vida es bastante inspirador. Todos podemos alcanzar la sabiduría por nosotros mismos siempre que aprovechemos una de las funciones más importantes del cerebro humano: la curiosidad. Sin curiosidad, no podemos hacer cosas nuevas. La curiosidad es la forma en que somos capaces de absorber una gran cantidad de información, integrarla con nuestro propio ser y lograr el conocimiento total. Necesitamos la curiosidad para que nuestro cerebro tenga hambre intelectual y espiritual. En el mundo actual, el aprendizaje como forma de satisfacer la curiosidad debe considerarse como uno de nuestros derechos humanos básicos. Por lo tanto, debe ser respaldado en todos los niveles de la sociedad, a cualquier edad y en cualquier cultura.

Para los que no disfrutaron de la escuela, es importante darse cuenta de que el aprendizaje es algo muy natural para el cerebro. Al igual que el corazón sigue latiendo mientras vivimos, el cerebro sigue aprendiendo. El aprendizaje es el aire que respira el cerebro humano.

En Japón, siempre ha existido la idea de que el objetivo del aprendizaje no era sólo absorber información, sino también convertirse en una mejor persona. La palabra japonesa *do* (que se pronuncia «doh») es la idea de que aprendiendo te conviertes en un nuevo y mejor tú. El sufijo *do* se añade a muchas disciplinas para expresar este concepto. Por ejemplo, el *judo* es literalmente el camino de la flexibilidad, el *kendo* es el camino de las espadas katana, *el shodo* es el camino de la escritura (caligrafía), el *sado* es el camino del té, el *kado* es el camino de las flores (arreglos), y el *kodo* es el camino de las fragancias. Cuando se aprende judo, la espiritualidad se considera muy importante. No sólo se aprende a lanzar al adversario. En el judo, el énfasis está en el marco mental, así como en los movimientos físicos de tu cuerpo. No sólo te haces más fuerte, sino que también creces espiritualmente. Por eso, en el aprendizaje del judo se respeta mucho al *sensei* (maestro), que te enseña no sólo las técnicas, sino también toda una filosofía de vida. Del mismo modo, la forma de establecer el *nagomi* en tu vida podría ser una disciplina en sí misma, tal vez llamada *nagomido* (el camino del *nagomi*), aunque no existe tal palabra en japonés, hasta el momento en que estoy escribiendo esto.

El *sodoku* (lectura simple) es la forma tradicional de iniciar una curva de aprendizaje sólida que puede continuar durante toda la vida. En el *sodoku*, uno lee un texto clásico venerable en voz alta, normalmente imitando y siguiendo la lectura del *sensei*. Es importante darse cuenta de que no hay que entender necesariamente el significado de las palabras para empezar el *sodoku*. La idea central de los *sodokus* (no confundir con los sudokus, que son rompecabezas lógicos con números) es que lo que lees en voz alta es algo que garantiza ser un gran recurso para tu aprendizaje permanente, aunque no sea necesariamente accesible para ti a nivel cognitivo desde el principio.

Tradicionalmente, los clásicos chinos como las *Analectas de Confucio* y los *Registros del Gran Historiador de Sima Qian*, así como los clásicos japoneses como *La historia de Genji*, se han utilizado como material para el *sodoku*. La práctica principal del *sodoku* es leer directamente el texto original, no sus interpretaciones o anotaciones. De este modo, tu mente se enfrenta al reto de establecer el *nagomi* con el texto real desde el principio.

La edad no es importante en el *sodoku*. Al aprender al estilo del *sodoku*, se ignora por completo el sistema de grados de las escuelas. Se abordan los textos clásicos más enigmáticos y profundos, leyéndolos en voz alta, sin entender necesariamente su significado, a partir de la tierna edad de, por ejemplo, cinco años. Este enfoque, que establece un *nagomi* entre los textos más profundos y una mente (muy) joven, es quizá el secreto mejor guardado de Japón en materia de aprendizaje permanente.

En el fondo, el *sodoku* es una gran manera de estimular y luego alimentar nuestra curiosidad. Cuando el cerebro se expone al nuevo mundo del aprendizaje sin contextos ni explicaciones intermedias, la curiosidad se desata sin límites. La curiosidad estimulada por el *sodoku* es pura e intensa. Es una forma maravillosa y eficaz de iniciar un proceso de aprendizaje que puede durar el resto de la vida.

El enfoque del *sodoku* puede aplicarse en otras culturas además de la japonesa. ¿Por qué no empiezas a leer en el estilo *sodoku* una obra maestra de la literatura mundial que siempre has pretendido leer, pero de la que en realidad nunca has pasado de la primera página, como, por ejemplo, *A la recherche du temps perdu* (*En busca del tiempo perdido*) de Marcel Proust, o *Guerra y Paz* de León Tolstoi? Vengas de donde vengas, hay obras literarias que pueden poner en marcha tu propia versión del aprendizaje permanente. Podrías leer en estilo *sodoku, por* ejemplo, una obra de Shakespeare, o una novela de Virginia Woolf o James Joyce. Y puedes hacer que un niño de cinco años haga lo mismo. No importa realmente si el niño no tiene ni idea de lo que puede estar leyendo. Simplemente, es crucial que el niño tenga una idea de lo que le espera, en el gran reto del aprendizaje que continuará a lo largo de su vida.

En el *nagomi* del aprendizaje permanente, ejemplificado por el *sodoku*, hay algunos principios prácticos importantes que deben seguirse.

En primer lugar, se hace hincapié en familiarizarse con la materia. Tanto si se trata de una lengua extranjera, como de matemáticas o de conocimientos de programación, el enfoque *nagomi* del aprendizaje haría hincapié en la importancia del tiempo que se pasa con la materia, en el que uno se familiariza con lo que va a aprender, aunque no entienda todos los detalles desde el principio.

En segundo lugar, es necesario un entorno de aprendizaje relajado. En parte porque muchos hogares japoneses suelen ser pequeños y tienen poco espacio, y en parte por los estrechos lazos que suelen existir entre los miembros de la familia, no es raro que los niños japoneses estudien y hagan los deberes en el salón, donde su padre puede estar bebiendo cerveza y viendo la televisión, su madre puede estar hablando por teléfono y su hermano puede estar jugando a la Nintendo. Las estadísticas demuestran que los niños que estudian en el salón obtienen mejores resultados que los que estudian en sus propias habitaciones. Esta práctica sugiere la importancia de un entorno relajado para el aprendizaje, que está en armonía con el espíritu del *nagomi*.

En tercer lugar, al aprender, uno trata de encontrar gradualmente el *nagomi* con el tema que está estudiando a un nivel cada vez más alto. De hecho, lograr el *nagomi* de familiaridad con el tema es fundamental para el enfoque japonés del aprendizaje, un *ethos* que se encuentra desde los artesanos hasta los científicos y en el contexto de múltiples campos.

Nunca se es demasiado viejo para mostrar curiosidad y probar el *sodoku*. Al fin y al cabo, todos sabemos que el aprendizaje permanente es indispensable para nuestro bienestar y para mantener nuestro espíritu joven, y es nuestra mejor esperanza para lograr el *nagomi* con los altibajos de la vida. Al aprender continuamente, podemos encarnar una sabiduría viva en nosotros mismos. De hecho, nuestras vidas son un proceso de aprendizaje constante, y el *nagomi* es el fruto más valioso del aprendizaje.

7

El *nagomi* de la creatividad

En 1945, un joven estudiante de medicina daba un largo paseo por la ciudad de Osaka, en la parte occidental de Japón. En ese momento, casi toda la ciudad se había convertido en una llanura calcinada debido a los bombardeos de la Fuerza Aérea de los Estados Unidos. El joven tenía mucha hambre. Encontró por casualidad una casa que aún estaba en pie y llamó a la puerta. Al abrir la puerta, los habitantes de la casa vieron a un joven estudiante de aspecto serio, con ropas raídas, que se inclinaba repetidamente, como si algo le urgiera. Se apiadaron y le dieron tres generosos trozos de *onigiri* (bolas de arroz), de sus propias y escasas provisiones. El joven estudiante se los comió como si no hubiera tocado alimento en mucho tiempo. Con la fuerza del *onigiri* y la amabilidad de aquellas personas, recorrió los dieciocho kilómetros que separan Osaka de su casa en la ciudad de Takarazuka. Más tarde se enteró de que la casa de los residentes que tan amablemente le dieron el *onigiri* fue bombardeada unos días después.

Durante su largo camino de vuelta a casa, el joven estudiante de medicina se propuso convertirse en dibujante de manga. Hoy en día, los dibujantes de manga de éxito están muy bien considerados y remunerados, pero en la época en que el estudiante tomó su resolución, ser dibujante de manga como ocupación era algo prácticamente sin precedentes. Aspirar a ello era como lanzarse al océano con los ojos vendados. Pero, por muy poco prometedoras que parecieran sus perspectivas, si aquel joven estudiante de medicina no hubiera tomado la decisión de convertirse en dibujante de manga, la historia del manga podría haber sido muy diferente de lo que conocemos hoy. Es una suerte para muchos de nosotros que siguiera adelante con sus fantásticas ideas.

El joven estudiante de medicina se llamaba Osamu Tezuka, y se convirtió en un prolífico dibujante de manga, conocido por obras como *Astro Boy*, *Princesa Caballero*, *Kimba el León Blanco*, *Black Jack*, *Phoenix*, *Buda* y *Mensaje a Adolf*. Tezuka fue tan creativo y tuvo tanto éxito que llegó a ser conocido como el Padre del Manga o incluso a veces como el Dios del Manga.

Las obras de Tezuka tuvieron un gran impacto en el público en general e inspiraron a muchas generaciones de artistas de manga. Y no sólo eso, Tezuka tenía un toque personal y cálido a la hora de guiar a los jóvenes aspirantes a artistas del manga, que acudían a él en busca de enseñanzas, inspiración y mentoría, al igual que los comerciantes de Matsusaka se reunían en torno a Norinaga Motoori para que les guiara en la vida en este mundo flotante.

Todos necesitamos la ficción para hacer de la vida algo más fácil, mejor y más tolerable. Cuanto más dura es la situación, más puro y profundo suele ser el impulso creativo. Nadie sabe por qué Tezuka decidió ser un artista de manga ese día en particular, y qué tuvo que ver la vista de su tierra natal calcinada con esa resolución. Pero el impacto emocional en el joven Tezuka parece haber tenido una influencia formativa en su genio creativo.

El manga está abierto a todo el mundo, para disfrutar y crear. Cuando era un niño en la escuela, recuerdo vívidamente haber escrito obras de manga (las mías eran sobre todo de comedia, como las de Fujio Akatsuka) y haberlas comparado con las de mis amigos. No hace falta decir que eran de muy baja calidad. Sin embargo, se suponía que el arte del manga podía ser probado por cualquiera, aunque no hubieras recibido formación profesional.

Este enfoque democrático de la creatividad quizás siempre haya sido el sello de la sociedad japonesa. Especialmente cuando un campo es joven y está en movimiento, no existe tal jerarquía de valores (en el manga, no hay *New York Times*, *New Yorker* o *Guardian* como guardianes de los valores elevados). En Japón, nunca ha habido una división tan marcada entre la alta y la baja cultura. Siempre ha habido un *nagomi* incorporado entre los géneros culturales. Tras la creación del Japón moderno en 1867, con la vuelta al gobierno directo del emperador (que posteriormente evolucionó hacia una monarquía constitucional), el gobierno de Tokio intentó incorporar aquello percibido como la alta cultura de Occidente. Como parte de este esfuerzo, los japoneses empezaron a aprender a pintar al óleo, a escribir novelas, a interpretar y disfrutar de la música clásica y a representar obras de Shakespeare en japonés. Había una tendencia, especialmente entre los gobernantes y los que habían recibido una educación, a hacer una distinción entre alta y baja cultura, identificando la primera con la cultura occidental en general, y también con algunas formas culturales tradicionales japonesas como el *kabuki*, el *noh* y el teatro de marionetas *bunraku*. Para el gobierno, las manifestaciones de alta cultura eran especialmente dignas de protección y promoción, ya que Japón intentaba aumentar su prestigio como nación a los ojos de las naciones occidentales. Esto era comprensible en el contexto histórico; Japón estaba jugando la partida de ponerse al día.

La belleza del manga reside en que nunca hubo un sentimiento de contracultura entre los principales artistas del género. A los padres fundadores del manga moderno, aunque entonces había menos admiración pública por el género en comparación con la actualidad, no les importaba mucho la falta de respeto del público. De hecho, no podía importarles menos. No guardaban rencor hacia los que practicaban formas culturales como el teatro o la pintura al óleo, y no había necesidad de rebelarse contra los percibidos como opresores. Artistas de manga como Osamu Tezuka y Fujio Akatsuka se limitaban a producir obras de calidad, y eso era lo único que les importaba.

En general, cada vez que surge algo nuevo en la escena cultural japonesa, sucede de forma bastante relajada. Es como si el *nagomi* estuviera integrado en los cimientos de la psique japonesa y las novedades surgieran espontáneamente, como los brotes de bambú después de la lluvia.

Un ejemplo sublime, por supuesto, es el karaoke, que proviene etimológicamente de *kara* (vacío) y *oke* (abreviatura japonesa de orquesta). Sólo en Japón, quizás, se podría haber pensado que los cantantes aficionados harían su agosto cantando junto a músicos pregrabados.

Al haber nacido y crecido en Japón, procedo naturalmente de un entorno cultural en el que puedes cantar ante un montón de gente sin importarte demasiado sus valoraciones en cuanto a tu calidad y la acogida que puedas tener. El karaoke en Japón está muy lejos de la exitosa serie de televisión estadounidense *Glee*, en la que un grupo de estudiantes de último curso de secundaria exhiben una actuación casi perfecta en el canto y el baile. En Japón, en general, a la gente no podría importarle menos si cantas bien o no. La cuestión es pasar un buen rato (cantar bien puede incluso desanimar a la gente). No hay distinción entre lo alto (profesional) y lo bajo *(amateur)*, y, si la hubiera, sería algo orgánico y no una división tajante. Por supuesto, el karaoke también es muy popular en Occidente, y es estupendo que la gente de todo el mundo pueda entrar en un bar de karaoke y divertirse sin complejos con sus amigos.

Tiene mucho que ver con mantener vivo a tu niño interior. Puedes escribir manga, puedes cantar y bailar, como un niño despreocupado, sin importarte demasiado lo que los demás puedan pensar de ti. Es un hecho desafortunado que muchas personas olviden las sencillas alegrías de las actividades creativas de la infancia. Se vuelven muy conscientes de las posibles críticas que podrían dirigirse a su actuación. Como consecuencia, se vuelven tímidos y evitan exhibir su creatividad. Nunca se les ocurriría cantar en un karaoke. Una gran oportunidad perdida, desde el punto de vista de perseguir su creatividad al máximo. Es comprensible, sin duda, porque los humanos son animales sociales y hay que proteger el ego. Esta barrera psicológica puede superarse definitivamente siguiendo el camino del *nagomi*, que ayuda a las personas a seguir siendo jóvenes de corazón incluso cuando maduran, manteniendo vivo su niño interior.

El *nagomi* es un aspecto importante de la creatividad por muchas razones. La clave del *nagomi* de la creatividad es la aceptación de la juventud y la inmadurez como un valor positivo.

En general, Japón es un país que aprecia mucho los valores de seguir siendo un niño de espíritu. Una de las claves que demuestra la gran estima que tienen los japoneses por todo lo relacionado con los niños es *kawaii*. Esta palabra japonesa, que equivale aproximadamente a *cute* (mono o adorable en inglés), es un comodín muy poderoso en el idioma cuando se quiere hacer feliz a alguien elogiándolo. Por supuesto, se puede decir que un niño es *kawaii*, o que un gato es *kawaii*. Ese sería un uso bastante convencional de la expresión. Pero también se puede decir que un hombre de mediana edad es *kawaii*, o incluso una imagen de Buda. *Kawaii* tiene una aplicabilidad más universal que su homólogo inglés *cute*. De hecho, podría decirse que el mejor novelista japonés desde Lady Murasaki, Soseki Natsume (1867-1916), se tomaba en serio la búsqueda de un estudio profundo de la condición humana en la sociedad moderna, y al mismo tiempo del *kawaii*. Su primera novela, *Soy un gato*, es considerada por muchos como artísticamente profunda y *kawaii*. El narrador no es otro que un gato callejero, que ha sido adoptado en la casa de un profesor, una clara referencia al propio novelista (Natsume dio clases en un instituto y en la Universidad de Tokio antes de convertirse en escritor profesional a tiempo completo). La imagen de Natsume como amante de los gatos es ampliamente compartida por el público en general y ha contribuido a hacer accesibles sus obras, cuando de otro modo podrían haberse considerado demasiado serias para un lector casual. La asociación de lo *kawaii* con los hombres maduros es tal vez uno de los secretos mejor guardados de la cultura japonesa; este es un país en el que incluso Arnold Schwarzenegger fue considerado *kawaii* en la cúspide de su fama como el personaje malvado de la película *Terminator*. Después de aparecer en anuncios de televisión japoneses, Schwarzenegger adquirió el apodo *kawaii de Schwa-chan* (*chan* es un sufijo omnipresente en el idioma japonés que se refiere a los bebés o niños pequeños, o a alguien equivalentemente lindo).

En cierto sentido, el *kawaii* es la forma exclusivamente japonesa de difuminar las fronteras y establecer un *nagomi* entre las culturas altas y bajas, los hombres y las mujeres, los poderosos y los desvalidos, los jóvenes y los viejos. El *kawaii* es un gran ecualizador de personas.

Cuando se percibe a alguien como *kawaii*, se puede establecer el *nagomi*, independientemente de su género, edad o estatus social. El *kawaii* pertenece al conjunto de herramientas cognitivas que uno puede emplear para abarcar e incluir una amplia diversidad de personas. Con este proceso, es posible expresar la individualidad única de cada uno sin chocar necesariamente con el *statu quo*. Ese sería el verdadero espíritu del *nagomi* de la creatividad.

Promover la libertad sin perturbarla de forma aparente es una habilidad que comparten muchas personas en Japón. En un mundo en el que la corrección política, la cultura de la cancelación y las formas de pensar *Woke* se perciben a veces como algo que va demasiado lejos (aunque, por supuesto, los valores y las causas que se impulsan en esos movimientos pueden y deben ser apoyados), las lecciones del *nagomi* de la creatividad podrían proporcionar una cucharada de azúcar para ayudar a que las transformaciones necesarias se lleven a cabo sin problemas en la sociedad. Cada vez que pienso en la singular forma japonesa de adaptarse a las adversidades, me vienen a la mente dos ejemplos. Ambos implican, en pocas palabras, la posesión encubierta de la libertad en contraposición a la rebelión abierta o la afirmación de la libertad.

La primera es la costumbre de *uramasari* (literalmente, traje ganador), que floreció durante el periodo samurái Edo. En aquellos tiempos, el *shogun* gobernante solía declarar la prohibición de los materiales de vestir de lujo, como medio para frenar una economía excesivamente desbordada o para imponer un sistema de ética austero (que era la creencia que los samuráis gobernantes suscribían ostensiblemente). Los habitantes de Edo (el antiguo nombre de Tokio) no se quejaron ni se manifestaron contra esta opresión cultural. En lugar de ello, encargaron ropas especialmente diseñadas, discretas en la superficie, pero magníficas en el interior, confeccionadas con materiales caros como la seda o el *kinran*, una tela especial tejida con hilos de oro y plata. De este modo, las personas con espíritu desafiante podían llevar lo que parecía ser un tejido sencillo y modesto por fuera, mientras que en secreto llevaban un magnífico forro, lo que les proporcionaba una gran inyección de moral y un sentimiento de orgullo sin ofender a los samuráis gobernantes. (Lo más probable es que los samuráis lo supieran todo, pero se limitaran a hacer la vista gorda).

Otro ejemplo interesante es el *sushi matsuri* (festival) que tiene su origen en Okayama, en el oeste de Japón. También en este caso, la clase samurái gobernante declaró que, para desalentar un estilo de vida lujoso, sólo se permitiría un plato en las comidas.

Los resistentes habitantes de Okayama no se quejaron. En su lugar, se les ocurrió la brillante idea del *sushi matsuri*, que consistía en poner todos los deliciosos ingredientes de que disponían —como *sashimi* de pescado, pulpo, calamar, gambas, huevo rallado, setas *shiitake* y *mamakari* (sardina marinada en escamas, una especialidad de Okayama)— en un cubo de madera *oke*, y poner arroz avinagrado encima. De este modo, hacían un solo plato, fieles a la orden del señor samurái; casualmente, lo tenían todo, y además ocultaban los ingredientes con esta sabrosa cubierta de arroz. Luego, justo antes de servir, daban la vuelta al cubo de *oke* y colocaban el *sushi matsuri* en un plato grande, con todos los jugosos y coloridos ingredientes ahora visibles sobre el arroz de *sushi* avinagrado.

Considero que estos dos ejemplos son una expresión particularmente japonesa del espíritu del *nagomi* de la creatividad. En cada uno de estos casos, la gente aseguraba su libertad mientras mantenía el *nagomi* con la clase dirigente.

La epifanía que el joven Osamu Tezuka experimentó en la calcinada llanura de la Osaka de posguerra es un gran ejemplo del *nagomi* de la creatividad. No solo desafió la atrocidad de la guerra, o los errores de juicio del gobierno, sino que se dedicó a hacer grandes obras de manga que dieron a la gente mucha alegría en medio de las dificultades de la vida en el Japón de la posguerra. Ese era el *nagomi* de la creatividad de Tezuka. Cuando hay problemas, además de alzar la voz directamente contra ellos, puede haber formas alternativas, menos obvias u ostentosas, pero más eficaces, superficialmente tímidas pero valientes en el fondo. Ese es el camino del *nagomi* o *nagomido*, en el que se puede ser creativo —a lo grande— sin ser disruptivo.

En el camino del *nagomi*, lo más importante es ser fiel a uno mismo.

La gente suele tener la idea de que un genio es un lobo solitario, o un inconformista. Hay algunos ejemplos de ello. Albert Einstein, por ejemplo, que abandonó el sistema educativo estrictamente regulado del liceo alemán y vagó por Europa en solitario, fue sin duda un inconformista. Sin embargo, un genio también tiene que poseer *nagomi* con los tiempos y la sociedad, sobre todo si quiere encontrar algún éxito reconocible. Incluso el genio necesita ser conformista, para situar su potencial en el contexto óptimo para que pueda florecer.

Una idea crucial sobre la naturaleza esencial del genio es que el *nagomi* es el proceso en el que varios elementos se fusionan para formar una nueva entidad. De hecho, el *nagomi* es fundamental para la comprensión japonesa de lo que supone la vida en general, ya sea una vida de genio, una vida más mundana o cualquier otra cosa. El propio cerebro puede considerarse una gran máquina *nagomi*, en la que varios circuitos neuronales que realizan diferentes funciones se fusionan, se mezclan y resuenan entre sí para dar lugar a nuevas funcionalidades.

Así, dentro de la psique japonesa, el genio forma parte del gran círculo de la vida, en lugar de ser un regalo que viene de otra parte. Se trata de una visión del proceso creativo completamente diferente a la de Occidente.

En la tradición cultural occidental, el genio tiende a entenderse como algo que está solo. Esta imagen del genio puede tener su origen en la historia bíblica de Dios creando el mundo (solo) en seis días. En definitiva, la conceptualización occidental del genio no tiene nada que ver con el *nagomi*, en el que uno establece el equilibrio y la armonía con los diversos elementos que le rodean.

En la tradición japonesa, el *nagomi* es un delicado equilibrio entre la autoafirmación y la autonegación, el valor absoluto frente al relativo de ser uno mismo. La creatividad no es un proceso en el que el genio se impone al mundo. Es más bien un proceso en el que se encuentra una mezcla orgánica entre lo que es exclusivamente uno mismo y los aspectos más amplios del mundo. En este sentido, el *nagomi* es un proceso verdaderamente creativo que consiste en encontrar una mezcla orgánica entre la afirmación positiva del yo y la negación del yo, mientras se intenta encontrar una solución de coexistencia con el mundo.

En resumen, el genio es un fenómeno que funciona como una red, en el que se intenta establecer un *nagomi* entre el propio potencial particular y la sociedad en la que se encuentra. El genio es el fruto del *nagomi* de la creatividad.

Incluso cuando alguien crea ostensiblemente algo grandioso, no se considera atribuible a los rasgos del individuo únicamente. El camino del *nagomi* (*nagomido*) reconoce esto, lo que abre la posibilidad de la creatividad a todo el mundo, independientemente de sus rasgos personales. Si uno sabe asociarse con el resto del mundo de forma adecuada, tal vez pueda lograr algo valioso. Esta línea de pensamiento puede parecer que desinfla el ego, pero en realidad es profundamente emancipadora.

Si tu mente se libera de todas las presuposiciones sobre la creatividad, como las ideas sobre la alta y la baja cultura, el talento, el género, la edad y el estatus social, entonces has hecho tuyo el *nagomi* de la creatividad. Espero sinceramente que lo expuesto en este capítulo te haya ayudado a despertar el potencial que llevas dentro.

Tal vez decidas reservar una noche de karaoke para tus amigos o colegas, o apuntarte a una clase de pintura o dibujo, aunque no hayas pintado o dibujado desde el colegio. Sólo es cuestión de encontrar algo que te guste hacer y que vayas a hacerlo sin que te importe demasiado lo que puedan pensar los demás, como hacíamos todos cuando éramos niños y creativos por naturaleza.

Cuando has logrado el *nagomi* contigo mismo y con tu entorno, y puedes sonreír desde el sostén de tu anclaje seguro y recién hallado, respirando libremente en tu propia habitación, estás listo para ser creativo en todo tu potencial. Estás a punto de lograr un *nagomi* de la creatividad.

Cuando escuchas tu voz interior, sea cual sea tu entorno, siempre puedes aspirar a ejercer el camino del *nagomi* de forma creativa, y superar las dificultades, tanto las de la sociedad como las propias.

En el verdadero espíritu del *nagomi* de la creatividad, siempre debes preguntarte: ¿Cuáles serán tus versos?

8

El *nagomi* de la vida

La vida es un viaje, una transición sin retorno de la juventud a la vejez. A muchos nos cuesta aceptar esta inevitabilidad y percibimos el envejecimiento como algo contra lo que hay que protegerse, como si fuera una derrota vergonzosa. Pero esa es una comprensión errónea de la esencia de la vida. No es exagerado decir que aplicar el *nagomi* a nuestras vidas cambiará la forma en que abordamos nuestra propia existencia. En un ensayo clásico que ha entrado en el canon de la literatura japonesa, *Hojoki* (*Relato de una cabaña de tres metros cuadrados*) de Kamo no Chomei (1155-1216), hay un maravilloso pasaje sobre la fugacidad de la vida. Comienza con esta famosa frase inicial:

«El fluir de río es incesante, pero su agua nunca es la misma. Las burbujas que flotan en un remanso de la corriente ora se desvanecen, ora se forman, pero no por mucho tiempo».

A Chomei le preocupa el paso del tiempo y la contradicción entre eternidad y temporalidad. Se lamenta de cómo las personas y las casas florecen y luego se van, sin dejar rastro. Compara los cambios de lugares y personas con el rocío de la mañana en una flor *asagao* (gloria de la mañana). El rocío no puede permanecer hasta la noche, escribe Chomei. La propia flor perecería. Nada es permanente y esa es la condición inevitable de la vida, concluye con cierta desazón. Chomei escribió este profundo ensayo durante su retiro autoimpuesto en un *hojo* (cabaña de tres metros cuadrados). Hoy en día, hay una reconstrucción de su *hojo* en el Santuario Kawai de Kioto, junto a un hermoso bosque. Es apropiado comenzar este capítulo sobre el *nagomi* de la vida con el ensayo clásico de Chomei, ya que el *nagomi* es el reconocimiento del hecho de que la vida depende de muchos elementos para ser robusta, estable y fiable. Sin *nagomi*, la vida en este mundo impredecible no puede continuar. El *nagomi* es una importante pieza del rompecabezas de la filosofía de la vida, no sólo en el contexto japonés, sino en el mundo en general. De hecho, se puede decir que *nagomi* es la vida misma.

Si observamos el mundo contemporáneo y las cosas que parecen grandes e importantes hoy en día, como empresas como Facebook, Google, Apple y Amazon, podemos pensar que son demasiado grandes para fracasar y nos cuesta imaginar la vida sin ellas. Sin embargo, están lejos de ser permanentes. Por ahora, parecen invencibles, y es cierto que es probable que estas empresas se queden con nosotros al menos durante unas décadas. Sin embargo, si Chomei viviera hoy, prediciría una gran incertidumbre. Porque así es la vida.

La mayor tragedia de la vida suele venir de resistirse a los cambios que inevitablemente conlleva vivir esta existencia orgánica. Muchas culturas de todo el mundo están obsesionadas con la juventud, y la gente hace todo lo posible por mantenerse joven, probando este suplemento o ese otro, haciendo aquel ejercicio, comiendo esa comida especial y sometiéndose a cirugía estética. Todo ello depende de la elección personal, pero perseguir sin cesar la juventud es pasar por alto la belleza que puede llegar con la edad.

Aunque Bob Dylan cantó una vez sobre ser siempre joven y es famoso por muchos de sus primeros discos, ha seguido evolucionando como músico y ha lanzado un nuevo álbum aclamado por la crítica, *Rough and Rowdy Ways*, en junio de 2020. Personalmente, me sorprendió la naturaleza de este trabajo, que es maduro y juvenil al mismo tiempo. La voz de Dylan suena como un roble envejecido, con un toque de miel, diferente de su característica voz de juventud, pero aún profundamente atractiva.

El enfoque japonés para mantenerse siempre joven no consiste en rechazar el cambio, sino en abrazarlo como algo natural en este mundo flotante. En Japón existe el concepto de *tokowaka*, que se traduce literalmente como siempre joven (*toko* significa eternidad y *waka* significa joven. *El tokowaka* ocupa un lugar importante en la filosofía de la vida en Japón. Lo más significativo es que *tokowaka* es un proceso; nada permanece igual y todo se renueva, tal y como observa Chomei al principio de *Hojoki*. Que Dylan regrese al mundo de la música con el single *Murder Most Foul* a la madura edad de ochenta años es muy *tokowaka*. Según la filosofía del *tokowaka*, para mantenerse siempre joven hay que dejarse llevar y aceptar —incluso dar la bienvenida— a los cambios. De hecho, *el tokowaka* es un proceso en el que se establece un *nagomi* con el envejecimiento.

La filosofía del *tokowaka* fue homenajeada por los fundadores de la obra de teatro *noh*, una tradición teatral japonesa que actualmente figura en la lista del patrimonio cultural inmaterial de la UNESCO. Fue fundada por Kan'ami (1333-1384) y Zeami (1363-1443), padre e hijo, en el siglo XIV, e integra máscaras, trajes y diverso *atrezzo,* y requiere actores y músicos muy preparados para representar la obra. Kan'ami y Zeami también escribieron un análisis teórico de la escena titulado *Fushikaden* (*El estilo y la flor*), en el que distinguen entre dos tipos de «flor», o brillo de un actor en escena. Una es la «flor del tiempo», que posee un actor en su juventud. La otra es la «flor de la verdad», que aparece en la edad madura, cuando el actor está arrugado, es lento en sus movimientos y quizás incluso se encorva. La «flor de la verdad» es el joven eterno, o *tokowaka*, realizado por el profundo arte de la obra *noh* a través del trabajo duro y la disciplina.

Un ejemplo de *tokowaka* en el mundo natural es la flor del cerezo que vemos en primavera. Las hermosas flores rosas del cerezo están indeleblemente asociadas a Japón, y se celebran por su efímera floración. Todo lo relacionado con los cerezos en flor es imprevisible. El momento y la duración de su floración están determinados por el inconstante clima primaveral; un número determinado de días cálidos hará que los capullos florezcan, un tiempo posterior más fresco conservará las flores durante más tiempo, pero la lluvia y el viento pueden hacer que caigan al suelo antes de tiempo. Incluso en las mejores condiciones, las flores sólo duran una semana más o menos. Para muchos japoneses, los cerezos en flor son una metáfora de la vida. Al igual que nuestras vidas, su floración es impredecible y corta, y depende de los elementos que escapan a su control. *Hanami*, la tradición japonesa de apreciar las flores, consiste en disfrutar de la vida al máximo mientras podamos, porque un día se acabará.

Al repetir el proceso natural cada año, la flor del cerezo logra colectivamente algo parecido al *tokowaka*, o la flor de la verdad. Es una celebración de lo efímero, o la flor del tiempo, según la obra de Kanami y Zeami.

Si hubiera que resumir la filosofía japonesa de la vida en una frase, sería que «la única permanencia en este mundo es el cambio». Ahora, esto es más evidente que nunca con la llegada de la pandemia del Covid-19. Todos hemos experimentado mayores niveles de incertidumbre y hemos tenido que aprender a afrontar cambios inesperados e incontrolables. El camino del *nagomi* reconoce que las cosas pueden ser complejas y nos muestra que tenemos que ser complacientes con la ambigüedad, el malestar y los demás altibajos que puede traer la vida.

El sentido de la naturaleza efímera del mundo, la constatación de que todo pasa, está detrás de la interiorización japonesa del *nagomi*. Todo pasa, no importa lo poderoso y permanente que pueda parecer. Si construyes algo de ladrillo y piedra, no puedes hacerlo permanente. Incluso la reconstrucción del Santuario de Ise cada veinte años es sólo un loable intento de permanencia frente a la impermanencia de la naturaleza.

Cada veinte años, los edificios del santuario se desmantelan cuidadosamente y se construyen edificios nuevos de estructura idéntica en un nuevo emplazamiento, utilizando madera recién obtenida. Los edificios actuales datan del año 2013. La próxima reconstrucción tendrá lugar en el año 2033. Los registros sugieren que este proceso de reconstrucción se ha llevado a cabo durante los últimos mil doscientos años, con irregularidades ocasionales debidas a batallas y disturbios sociales.

Para mantener la reconstrucción exacta de los santuarios cada veinte años, hay que tener en cuenta una serie de consideraciones cuidadosas y preparativos. Por ejemplo, los árboles *hinoki* (ciprés japonés) que se utilizan como troncos en los edificios de los santuarios deben plantarse con muchas décadas de antelación. Para ello, el Santuario de Ise cuenta con reservas de árboles *hinoki* en todo el país. Algunos de los troncos utilizados para el santuario deben ser de un determinado tamaño, que sólo pueden alcanzar los árboles de *hinoki* de más de doscientos años. La reconstrucción de los edificios del santuario durante este largo periodo de más de mil doscientos años ha implicado una cuidadosa y amplia planificación y cuidado de las reservas de *hinoki* del Santuario de Ise.

Así, los edificios del Santuario de Ise son siempre jóvenes, o *tokowaka*, aunque materialmente hablando siempre estén cambiando. De hecho, el venerable santuario puede seguir siendo joven, nuevo y reluciente precisamente porque está dejando atrás su parte más antigua.

El enfoque japonés para mantenerse siempre joven, por tanto, no consiste en rechazar el cambio, sino en acogerlo. Superficialmente, el Santuario de Ise podría parecer que trata de mantener una apariencia de ser siempre joven sustituyendo lo viejo por lo nuevo, valorando así sólo lo último. Pero no rechaza la noción de que lo nuevo acaba convirtiéndose en viejo; cuando el santuario se reconstruye cada veinte años, la madera cuidadosamente desmontada del antiguo edificio, bastante robusta y fuerte todavía, se pule y procesa meticulosamente, para ser utilizada en santuarios más pequeños distribuidos por la zona de Ise. La madera es siempre respetada y tratada con gran cuidado, acorde con su venerable historia de haber sido utilizada una vez para construir el Santuario de Ise.

Aunque el Santuario de Ise se mantenga siempre joven en un sentido superficial, seguimos aceptando que en este mundo flotante los cambios son naturales. Al principio puede parecer paradójico que, a pesar de ser una nación construida sobre un énfasis en lo efímero de las cosas y dedicada al *mono no aware* (empatía hacia las cosas) en el mundo flotante, Japón cuente con algunas de las instituciones más antiguas y duraderas del mundo; la empresa de construcción Kongo Gumi se fundó en el año 578 y sigue existiendo en la actualidad. Japón es también el país con la monarquía más antigua en el mundo, siendo el actual emperador, Naruhito, el 126º en sentarse en el Trono del Crisantemo. Es como si la toma de conciencia de la fugacidad de la vida hiciera posible un formato duradero para los negocios y la monarquía. La clave es abrazar el camino del *nagomi* ante los inevitables cambios de la vida.

Aunque podamos abrazar el *nagomi* de la vida, es posible que sigamos temiendo a la muerte, pero podemos establecer un *nagomi* con nuestra propia mortalidad encontrando la paz y la armonía con los seres queridos que han fallecido. En Japón, es costumbre tener un lugar especial dentro del hogar para conmemorar al difunto. Los *butsudans*, o altares budistas, se encuentran a menudo en los hogares japoneses y son la respuesta japonesa a cómo encontrar el *nagomi* con los difuntos, o la muerte en general.

Los *butsudan* están meticulosamente tallados y pulidos y suelen estar rodeados de recuerdos del difunto colocados por sus seres queridos, con artículos que representan las creencias budistas. Entre los objetos suele haber una varilla de incienso *senko*, ya que se cree que el humo y la fragancia proporcionan alimento al alma del difunto. Cuando se traen regalos como dulces o frutas a la casa, se acostumbra a ponerlos primero en el *butsudan*, como símbolo de ofrenda al alma difunta. Mediante estas actividades centradas en el *butsudan*, se puede seguir hablando con los seres queridos que han fallecido. La sabiduría convencional es que las personas nunca están realmente muertas mientras se las recuerde. Los *butsudan* funcionan como un centro de recuerdo de los seres queridos, basado en un conjunto de rutinas prácticas.

En el sintoísmo —la respuesta japonesa al budismo—
las personas se convierten en dioses después de fallecer. A
diferencia del concepto occidental de un dios que precede
y crea todo el universo. En Japón, un dios es más humano.
De hecho, un dios no es más que un humano fallecido,
pero por ello tienen implicaciones más profundas e ínti-
mas para nuestra existencia. Un dios es una forma de *nagomi* con la muerte.

Cuando una persona fallece, puede ser reconocida
como un dios y consagrada en un santuario sintoísta. El
nombre dado al difunto como dios representa la naturaleza percibida de la persona en su vida, en reconocimiento a
su personalidad, sus logros y sus historias favoritas. El sistema de nombramiento de dioses es una forma práctica de
establecer el *nagomi* con el difunto, manteniendo vivo su
recuerdo.

Tokugawa Ieyasu, el guerrero samurái que unió Japón en la agitación del periodo Sengoku y sentó las bases del *shogunato* Tokugawa (1603-1868), fue reconocido como deidad con el nombre de Tosho Daigongen (*tosho* significa resplandor del este, en referencia a que Ieyasu eligió Tokio como nueva capital, dando así resplandor a la región oriental de Japón; *Daigongen* es un título honorífico). Sugawara no Michizane, aristócrata de la Edad Media (845-903), aunque fue un excelente erudito y poeta, murió en el exilio tras una rivalidad con el clan gobernante en esa época. Tras su muerte, se convirtió en Tenjin (literalmente Dios del Cielo), en referencia a la creencia de que su espíritu enfadado inició una tormenta eléctrica en Kioto (la capital de Japón en aquella época), que provocó un incendio en el que perecieron los miembros del clan que lo expulsaron. Con el paso de los años, Tenjin se convirtió en el dios patrón de los eruditos, reflejando los excelentes logros de Michizane durante su vida. Así, el nombre de un dios en la tradición japonesa es algo que se da en memoria de una persona notable, que ha vivido su breve vida en esta tierra y luego ha perecido, como todos nosotros debemos hacer eventualmente.

Una vez tuve un encuentro realmente revelador con un joven sacerdote sintoísta en Takachiho, en el sur de Japón. La leyenda cuenta que los dioses fundadores de Japón descendieron del cielo en Takachiho, por lo que este lugar montañoso se considera el hogar de los dioses en Japón.

Mientras visitaba este lugar de gran importancia histórica, intercambié algunas palabras con el sacerdote sintoísta, que era joven y entusiasta. La breve conversación me inspiró en cuanto a la verdadera esencia de los dioses en Japón; fue realmente una epifanía.

Estábamos frente a la Amano Iwato (Puerta de la Cueva del Cielo), donde, en la mitología japonesa, la diosa Amaterasu, la deidad fundadora de todos los dioses en Japón, se escondió durante una época de miseria en su vida. Su hermano Susanoo, violento y salvaje, había cometido una serie de atrocidades y Amaterasu no pudo soportarlo más. Se retiró a la Puerta de la Cueva del Cielo y el mundo entero se volvió oscuro, como si hubiera caído la noche. Esto puede tomarse de forma metafórica, aunque algunos estudiosos lo interpretan como una referencia a un eclipse solar total en la antigüedad. En cualquier caso, ante la desaparición de Amaterasu, la gente se alarmó, ya que las cosas no eran normales sin ella. Empujados a actuar, interpretaron música y danzas alegres para atraer la atención de Amaterasu. Intrigada por los festejos del exterior, Amaterasu abrió ligeramente la puerta de la Cueva del Cielo. Entonces, la gente de fuera le mostró a Amaterasu un espejo llamado Yata No Kagami (del que se rumorea que es uno de los Tres Tesoros Sagrados de la Casa Imperial hasta el día de hoy, aunque nadie, incluido el emperador, lo ha visto). Atraída como estaba por su propio reflejo en el espejo, hubo un lapsus momentáneo en la mente de Amaterasu. La gente se aprovechó de ello y acompañó suavemente a Amaterasu fuera de la Puerta de la Cueva del Cielo. El mundo volvió a brillar.

Un joven sacerdote sintoísta nos explicaba con entusiasmo todo esto a mí y al resto del público que se encontraba ese día en el lugar. Era algo más turístico que religioso, pero el sacerdote, probablemente recién salido de la escuela sintoísta, lo explicaba con entusiasmo.

Luego, como de pasada, y aparentemente sin pensar en ello, el joven sacerdote comentó casualmente:

«Así que esa es la historia de la diosa Amaterasu. Cuando estaba viva, presumiblemente tenía un nombre como humana, pero no sabemos cuál era. Puede que fuera Himiko (una famosa reina del antiguo Japón) o cualquier otra cosa».

Esa fue su última palabra. Se inclinó y salió. La revelación me dejó atónito y no pude moverme durante unos segundos. Sentí que había captado una esencia muy importante de la filosofía del sintoísmo.

Sabía que las deidades llevaban el nombre de las personas, pero nunca había sospechado hasta ese día trascendental que este principio se aplicaba también a Amaterasu, LA diosa más importante de la mitología japonesa. Tal y como había sugerido el joven sacerdote sintoísta, Amaterasu seguramente tenía un nombre cuando era humana, que ahora se ha perdido. Después de que esta maravillosa mujer falleciera, la gente reflexionó sobre su vida. Se les ocurrió el nombre de Amaterasu, que significa literalmente Cielo Radiante. Amaterasu, cuando era una persona viva, de carne y hueso, debía ser una mujer que hacía feliz a la gente que la rodeaba, que aportaba luz a los corazones de las personas. Por eso el mundo se volvió oscuro cuando Amaterasu se escondió en la Puerta de la Cueva del Cielo. Por ello, el nombre de Amaterasu (Cielo Radiante) es muy apropiado para conmemorar a esta maravillosa persona. En los tiempos modernos, la tradición de que los humanos se conviertan en deidades parece haber cesado, aunque es costumbre que los budistas den a los fallecidos un *kaimyo* (nombre budista póstumo). Hoy en día, es costumbre tener una placa conmemorativa que describe la lista de *kaimyo* de los miembros de la familia fallecidos en el *butsudan*. Ser recordado con cariño de esta manera por los miembros de tu familia y tus amigos cercanos significa que un *nagomi* es posible, incluso con la ineludible finalidad de la muerte. Lo mismo ocurre en otras culturas, en las que la gente recuerda al fallecido dedicándole un banco del parque, visitando su tumba o simplemente guardando sus fotos. Estos cariñosos homenajes son el *nagomi* definitivo de la vida.

9

El *nagomi* de la sociedad

Hasta ahora, hemos explorado el *nagomi* de la comida, el yo, las relaciones, la salud, el aprendizaje, la creatividad y la vida. Todos estos aspectos se unen para formar nuestra sociedad.

Como ya he mencionado, Japón ha incorporado elementos de muchas culturas diferentes en su sociedad. En el proceso de modernización, hubo una enorme afluencia de cultura occidental que entró en el país. Es la forma de *nagomi* la que ha hecho posible que Japón integre con éxito estos aspectos de la cultura occidental sin perder su identidad propia. De hecho, en Japón utilizamos el dicho *batakusai* (que literalmente significa huele a mantequilla) para indicar cuando algo occidental tiene demasiada influencia. Cuando algo es demasiado *batakusai*, amenaza con desequilibrar el camino del *nagomi*. Por ejemplo, la comedia satírica que trata temas de actualidad no tiene entrada en Japón, a pesar de la gran tradición de comedia ejemplificada por el *rakugo* (que vimos en el capítulo 4).

La educación en artes liberales, basada en las iniciativas de los estudiantes, es difícil de introducir, ya que las escuelas japonesas están obsesionadas con los resultados de los exámenes. El periodismo de investigación, independiente de las fuentes de información gubernamentales, es una rareza en los medios de comunicación japoneses.

La asimilación cultural es, sin duda, un delicado acto de equilibrio. En Japón, el *nagomi* de la sociedad significa que las decisiones se toman teniendo en cuenta los diversos elementos que afectan a la vida humana. No basta con maximizar el beneficio; aunque algo parezca ineficaz en la superficie, bien podría ser porque es el resultado de un detallado y sofisticado acto de equilibrio. Al igual que la metáfora de la alfombra mágica, buscamos el equilibrio entre una serie de elementos para lograr un desarrollo económico sostenible. En otras palabras, buscamos el *nagomi*.

He aquí un ejemplo del *nagomi* de la sociedad en acción. Aunque Eiichi Shibusawa era un hombre bajo, de apenas ciento cincuenta centímetros de altura, era un gigante en cuanto a sus logros. En pocas décadas, fundó muchas empresas que acabaron convirtiéndose en mamuts económicos como el Banco Mizuho, Tokio Marine, el Hotel Imperial, la Bolsa de Tokio, la cerveza Kirin, la cerveza Sapporo, Jiji Press, Kyodo Press y Nippon Yusen. Además, Shibusawa fue responsable de la creación de la Universidad de Hitotsubashi y de la Sociedad de la Cruz

Roja Japonesa. Shibusawa es a menudo apodado el padre del capitalismo japonés, algo que se conmemorará cuando se convierta en el rostro que aparezca en los billetes de diez mil yenes de Japón en 2024, sustituyendo al actual, Yukichi Fukuzawa.

Cuando se estudia la forma en que Shibusawa realizaba su trabajo, se ve claramente que entendía que, incluso ante una competencia económica despiadada, es esencial aplicar un principio de *nagomi*. Shibusawa solía afirmar que el objetivo de una empresa privada no era maximizar los beneficios, sino lograr un equilibrio entre el bienestar y el beneficio no sólo para los capitalistas, sino también para los empleados, los clientes y la sociedad en general. En su libro más conocido, *Rongo y Soroban (Analectas de Confucio y el Ábaco)*, Shibusawa sostenía que era importante armonizar la ética y los beneficios, devolviendo la riqueza privada a la sociedad en general. De este modo, creía que era posible desarrollar plenamente la economía y también hacer más rica a la sociedad en su conjunto.

Las palabras de Shibusawa pueden sonar como una fábula idílica e incluso irreal hoy en día, cuando codiciosos socios fundadores y CEO poseen una parte irracionalmente grande de la riqueza mundial. Sin embargo, necesitamos tener una visión clara del ideal, aunque estemos intentando abrirnos paso en un campo de realidades poco amables, y las palabras y la filosofía de Shibusawa pueden ofrecer un modelo de excelencia al que aspirar.

También es importante saber que Shibusawa no es un caso aislado en la larga historia de la economía japonesa. En la era Edo, antes de la modernización de Japón, muchas personas que se hicieron ricas expresaron opiniones similares. El valor único de la filosofía de Shibusawa es que aplicó la antigua ética japonesa de compartir y la conciencia de comunidad en la época de la construcción de la nación, lo que significa que su legado se percibe en todo el espectro de la economía japonesa, a través de una ética y forma de vida que la gente todavía sigue. Sin duda, el estilo codicioso del capitalismo ha entrado en Japón, pero nunca ha ocupado una posición central. Algunos economistas de Japón han predicado la importancia de maximizar los beneficios para los accionistas, pero nunca han captado el corazón del japonés medio. Para la mayoría de la gente, las palabras de Shibusawa tienen más sentido que los sermones de los avariciosos CEO que insisten en la importancia de aspirar siempre a maximizar los beneficios. De hecho, hay mucha sabiduría en el estilo japonés de capitalismo, tal como lo ejemplifica Shibusawa. Aquí es donde entra el *nagomi*.

En una ocasión, mi colega en ciencias sociales, la Dra. Anna Froese, me visitó desde Berlín. Estaba interesada en estudiar el significado social del *ikigai*, el concepto clave de mi anterior libro. Tuvimos una conversación en el laboratorio, y luego la llevé a una *izakaya* (recordemos que es una taberna japonesa) en el corazón del distrito de Gotanda, en

Tokio, donde se encuentra mi laboratorio. El local estaba lleno de empleados de empresas cercanas. Debido a los prejuicios de género que aún prevalecen en la sociedad japonesa, aproximadamente el ochenta por ciento de los clientes eran hombres. Anna me preguntó por los clientes, y le expliqué que eran empleados de la misma empresa. Es habitual, le dije, que los asalariados japoneses vayan a una *izakaya* y se sinceren entre ellos, quejándose de su lugar de trabajo, del jefe, de la familia, de la salud, etc. De hecho, comer, beber y compartir las penas en la *izakaya* es uno de los mayores pasatiempos de los empleados de las empresas japonesas y se considera una forma fantástica de liberar el estrés, así como de reafirmar y solidificar los vínculos personales.

Anna parecía sorprendida. Yo, por mi parte, me sorprendí de que Anna se sorprendiera. En los centros de trabajo alemanes, dijo Anna, al empleado típico no se le ocurriría hacer algo así. Hay una gran competencia entre los empleados para ser promovidos, y a los empresarios alemanes no se les ocurriría revelar su debilidad a sus colegas, me dijo. Esto me reveló una de las grandes diferencias culturales entre Japón y Alemania. También me hizo entender que el espíritu de *nagomi* impregna la vida de los trabajadores de las empresas japonesas.

Los japoneses han considerado tradicionalmente el lugar de trabajo como una familia a la que se pertenece. Hay una sensación de intimidad y unión, con un trasfondo de «hoy por ti y mañana por mí». No es de extrañar, pues, que los empleados se confíen unos a otros, y una *izakaya* es un lugar ideal para que la gente exponga sus vulnerabilidades con el acompañamiento del sake. Curiosamente, desde hace tiempo, este ambiente acogedor ha sido objeto de críticas, no sólo de otros negocios internacionales, sino también de los propios japoneses. El inconveniente del ambiente familiar de las empresas japonesas es que pueden ser un caldo de cultivo para la ineficacia, dice el argumento. Debería haber más competitividad y los empleados deberían disciplinarse más, dicen.

Estas personas no tienen en cuenta la creencia de Shibusawa de que no es imprescindible que las empresas maximicen sus beneficios. El quid de la cuestión es algo más complicado y rico, que abarca todo un espectro de la naturaleza humana. El entendimiento implícito es que el *nagomi* es importante por encima de cualquier otra cosa. Lo más valioso es tener un sentimiento de *nagomi* entre los que trabajan para una empresa, por lo que se debe maximizar el *nagomi*, más que los beneficios o la eficiencia.

El caso del *nagomi* en las empresas japonesas es interesante. Nos dice que, cuando algo parece estar lejos de ser óptimo, puede haber un principio subyacente de *nagomi* en funcionamiento; y esto va más allá de las actividades económicas.

Puede que la política no sea del agrado de todos, pero afecta a nuestra vida cotidiana y a nuestro futuro a largo plazo. La política influye en nuestra forma de vivir y crecer y, en última instancia, determina lo felices que podemos ser a largo plazo. La declaración de intenciones de la política japonesa ha sido siempre la de conseguir el *nagomi* de la sociedad. Esto ha sido así tanto en la política nacional como en la internacional.

Japón es una democracia en la que los miembros del parlamento son elegidos por sufragio libre, pero en comparación con países como Estados Unidos y el Reino Unido, o incluso algunos vecinos asiáticos como Corea del Sur y Taiwán, la política japonesa ha visto menos cambios de gobierno a través de los resultados de las elecciones, y el Partido Liberal Democrático (PLD) ha estado en el poder la mayor parte del tiempo desde el final de la Segunda Guerra Mundial. La razón de estos relativamente pocos cambios de gobierno en Japón es un poco misteriosa, no sólo para la gente de fuera de Japón, sino también para los propios japoneses. Algunos, entre los que me incluyo, se han preguntado si el largo mandato del PLD y sus coaliciones podría sugerir una inmadurez en la democracia japonesa. Sin embargo, teniendo en cuenta el *nagomi*, se podría llegar a una conclusión diferente.

Quizás el éxito del PLD se explique por el hecho de que practica una política de *nagomi*. No es raro que el PLD negocie, a veces a puerta cerrada, con los partidos de la oposición sobre sus políticas; así que, en efecto, algunas de las cosas que la oposición quería (mejor bienestar social, aumento del salario mínimo, etc.) han sido llevadas a cabo por el PLD. Así, los demás partidos no estaban en realidad en la oposición como tal, sino que funcionaban como grupos complementarios en la escena política. En cuanto a las negociaciones políticas y las sesiones parlamentarias, los partidos de la oposición japonesa han estado en *nagomi* con el partido gobernante. Incluso hay rumores de que los fondos secretos del secretario del gabinete, que ascienden a más de un millón de dólares al mes, se han utilizado en parte para las negociaciones con los partidos de la oposición. Como todo rumor político, es probable que sea cierto. Estos fondos secretos, creados como medio para la buena marcha del país, se han utilizado para el *nagomi* entre el partido gobernante y los partidos de la oposición.

Desde un punto de vista occidental, el *nagomi* entre los partidos del gobierno y de la oposición puede sonar a corrupción, pero no lo es cuando se piensa realmente en ello. Pensemos en un sistema político en el que dos grandes partidos se alternan en el gobierno. Esto puede parecer una buena idea —sin duda mejor que el gobierno de un solo partido—, pero significa que, en cualquier momento, alrededor de la mitad de la población se siente excluida, ya que el partido político al que han votado no está en el gobierno. En Estados Unidos, por ejemplo, los partidarios del Partido Demócrata o del Partido Republicano se sienten excluidos del proceso político, dependiendo del candidato que esté en la Casa Blanca en un momento dado. Lo mismo ocurre en el Reino Unido con los votantes conservadores y laboristas. Sin embargo, es cierto que en estos países las personas con ideas opuestas a menudo tienen dificultades incluso para hablar entre sí en esta era de la posverdad y el ruido mediático.

El *nagomi* puede ser un maravilloso principio rector para dirigir las decisiones y el comportamiento de uno en la sociedad, en el ámbito político y más allá. Del mismo modo que muestra que la maximización de los beneficios no es el único objetivo de la actividad económica, no es el único objetivo de la política apoyar únicamente las políticas del partido gobernante, mientras se aplasta a la oposición. En un mundo en el que las cuestiones políticas, económicas y sociales son cada vez más complejas, es importante considerar cualquier valor opuesto teniendo en cuenta el *nagomi*. Aplicando el *nagomi*, podemos mitigar los conflictos y fomentar políticas más sostenibles y productivas. Incluso cuando un punto de vista concreto parece absolutamente correcto en ese momento, puede ser malo, incluso desastroso, seguir ese ideal más allá del *nagomi*. Siempre tiene sentido aplicar el *nagomi* y buscar la armonía entre muchos elementos diferentes cuando se considera una posición política.

Para encontrar una demostración de la sostenibilidad que aporta la aplicación del *nagomi* a la sociedad, no hay más que mirar a la Familia Imperial japonesa. En Japón, la postura política (si es que existe) de la Familia Imperial ha sido la del *nagomi* puro. En la larga historia de Japón, la Familia Imperial se mantuvo alejada de cualquier pacto con las fuerzas políticas gobernantes, por muy fuertes y dominantes que pudieran parecer en su momento. En lugar de asociarse demasiado con los poderes que han ido y venido, el emperador siempre ha actuado como agente moderador, cediendo la autoridad y legitimidad finales a los poderes samurái o *shogun* que pudieran surgir como fuerza gobernante en cualquier momento. Como consecuencia de ello, la Casa Imperial de Japón es la monarquía hereditaria más longeva del mundo.

El *nagomi* también tiene sentido práctico cuando nos dedicamos a las relaciones personales en nuestra vida cotidiana. Como he mencionado antes, el enfoque occidental se basa a veces demasiado en un modelo de confrontación en lugar de *nagomi*. Es posible que pienses que es importante derrotar a tu oponente, pero el camino del *nagomi* sugiere más bien que no debes enemistarte con nadie en primer lugar. Cuando te enemistas con otra persona, esta se sentirá naturalmente perjudicada. Estará menos dispuesta a colaborar contigo en el futuro o a considerarte como un posible amigo. Vivimos en un mundo cada vez más conectado, en el que las redes sociales crean una sociedad en la que cada persona tiene una media de seis o menos conexiones sociales con los demás, por lo que no es buena idea pelearse demasiado con nadie.

Eso no significa que no puedas dar a conocer tus opiniones; sólo significa que todos debemos intentar no ser injustos o poco amables. De acuerdo con el espíritu del *nagomi*, deberíamos intentar colaborar y mantener una relación amistosa, incluso con nuestro oponente más feroz. Las políticas identitarias no hacen mucho bien a la sociedad si las rivalidades entre las identidades se exacerban demasiado; siempre vale la pena tratar de ver el punto de vista de la otra parte, para convertirte en un mediador en lugar de un luchador. Practicar el *nagomi* con tu enemigo puede ser una de las prácticas más gratificantes y sostenibles de tu vida. Si dominas el arte del *nagomi*, puedes seguir creciendo y prosperando, abrazando la gran diversidad del mundo.

Cada vez es más urgente la necesidad de comprender y aplicar el *nagomi* en la sociedad a todos los niveles, a medida que el mundo avanza hacia un estado de ánimo más conflictivo y los choques entre ideologías opuestas empiezan a parecer inevitables. Incluso cuando un punto de vista particular parece ser absolutamente correcto en un momento determinado, podría ser malo, incluso desastroso, para nuestras vidas, perseguir ese ideal más allá de lo que el camino del *nagomi* nos aconsejaría. Muchos experimentos sociales que pretenden implantar la sociedad ideal han acabado en un infierno. Siempre tiene sentido aplicar el *nagomi* cuando se considera una posición política concreta.

Japón ha ocupado tradicionalmente un lugar intermedio en lo que respecta a la confrontación. Sin embargo, ha habido momentos muy lamentables —como la Segunda Guerra Mundial— en los que Japón ha sido una nación militarmente agresiva y se ha perdido el camino del *nagomi*, con consecuencias devastadoras para Japón y sus naciones vecinas.

Más recientemente, cuando se trata de hacer frente a los abusos de los derechos humanos y a las prácticas opresivas del gobierno, Japón ha sido típicamente lento en la realización de protestas y en la imposición de las sanciones necesarias. Teniendo en cuenta este historial, algunos se lamentan de la toma de conciencia respecto a los derechos humanos del gobierno japonés y de su pueblo. Estas críticas están al menos parcialmente justificadas. Según diversas mediciones, el progreso hacia una mayor igualdad de género en el país es un caos. La televisión y los periódicos japoneses han sido criticados durante mucho tiempo por la mentalidad cerrada del club de la *kisha*, que excluye a los periodistas independientes y a los medios de comunicación extranjeros del acceso abierto, lo que da lugar a una menor libertad de prensa en comparación con otras naciones económicamente desarrolladas.

Así que, como toda nación, Japón tiene sus problemas. Sin embargo, en los últimos tiempos ha logrado relaciones significativas con otros países, algunos de los cuales tienen sistemas políticos con los que el gobierno japonés no está necesariamente de acuerdo.

En el mundo actual, estamos experimentando fricciones entre formas alternativas y competitivas de organizar la sociedad y sus valores subyacentes. En los pocos años que siguieron a la caída del Muro de Berlín, prevalecía una visión optimista del futuro de la civilización humana, en la que se esperaba que el mundo fuera testigo de una convergencia triunfante y próspera de la democracia paritaria y el libre mercado. En 1992, Francis Fukuyama declaró en su libro *El fin de la historia y el último hombre* que la competencia entre formas alternativas de gestionar la sociedad humana había terminado. Sin embargo, la evolución reciente ha demostrado que Fukuyama estaba equivocado o, al menos, que el jurado aún no ha decidido.

Los valores expresados por los gobiernos de algunas naciones parecen estar muy alejados, hasta el punto de que se diría que no hay posibilidad de llegar a un compromiso. Los gobiernos rivales parecen creer que sólo ellos tienen un proyecto para un futuro sostenible, y parece que no es posible un compromiso entre ideologías opuestas. Es precisamente en este momento cuando el espíritu del *nagomi* de la sociedad debe acudir al rescate, para que el futuro de la civilización humana sea realmente armónico y sostenible. Puede sonar a tópico, pero las personas de diferentes naciones son todas humanas, sueñan los mismos sueños y aspiran a los mismos logros. Debería haber formas de que las naciones de diferentes ideologías coexistan en armonía. Si los pueblos de las naciones que tienen ideologías diferentes pudieran sonreír todos juntos, eso sería uno de los casos más creativos del *nagomi* de la sociedad hacia un mundo pacífico. En este sentido, es importante subrayar que mantener un *nagomi* no significa necesariamente la sumisión, conformidad o compromiso con tus principios más queridos. El *nagomi* de la sociedad significa reconocer las diferencias y admitir y reconocer la posición de cada uno en el mundo, que se ha formado durante largos años a través de la compleja dinámica de la cultura y la historia. Con demasiada frecuencia, se tiende a pensar que una persona o un bando tiene la respuesta correcta mientras que el otro está equivocado. El camino del *nagomi* consiste en dejar que los demás sigan su propio camino, incluso cuando uno siente que tiene la razón más allá de cualquier duda razonable.

Es interesante que la sociedad japonesa siempre haya estado relativamente libre de ideologías dominantes. Históricamente, cada vez que una ideología parecía ganar impulso, se producía una resistencia sistémica o espontánea, en un intento de mantener el *nagomi* de la sociedad. Un ejemplo de ello es la recepción y posterior rechazo del cristianismo en el Japón de la Edad Media. Los guerreros samurái veían la labor de los misioneros para convertir al pueblo japonés y les preocupaba que su influencia afectara radicalmente e incluso destruyera las culturas autóctonas de Japón. Visto desde esta perspectiva, el duro rechazo al cristianismo, tal y como se describe en la magistral novela de Shusaku Endo, *Silencio*, fue quizás un subproducto inevitable y lamentable del mantenimiento del *nagomi*.

Sin embargo, todavía se pueden encontrar elementos del cristianismo en el país. En Japón, no hay demasiada fricción entre las diferentes religiones. Es habitual que un japonés celebre una boda al estilo cristiano, vaya a un santuario sintoísta el día de Año Nuevo para un ritual llamado *hatsumoude* (literalmente «la primera visita al santuario en el año» y, para muchos, la única visita) y tenga un funeral budista. Para muchos japoneses, no hay ningún problema en adoptar las tradiciones de otras religiones. De hecho, una boda cristiana se considera más romántica; una visita al santuario sintoísta en el día de Año Nuevo refuerza la sensación de hacer borrón y cuenta nueva, y la solemnidad de un funeral se expresa mejor a la manera tradicional budista.

Esto puede parecer frívolo y quizás irrespetuoso para las personas que son muy religiosas, pero es cierto que Japón prácticamente ha conseguido liberarse de conflictos religiosos o de otro tipo. Considero que este es uno de los últimos logros del *nagomi* de la sociedad en Japón.

En la vida, es importante mantener una curiosidad activa, y aprender y absorber nuevas influencias. Por otro lado, es necesario encontrar un equilibrio para que la sociedad se mantenga estable. El *nagomi* no es una cuestión de ideología, de izquierda o derecha, progresista o conservador, religioso o laico. El *nagomi* trata de cómo mantener el equilibrio en la vida, que es lo más valioso. Cuando se afina con cuidado, el *nagomi* puede utilizarse de forma que promueva tanto la diversidad como la libertad individual, de modo que podamos compartir nuestras culturas y coexistir juntos en paz.

10

El *nagomi* de la naturaleza

Cuando consideramos el mundo natural, conviene tener presente la tradición japonesa del *kintsugi*. El *kintsugi* es la antigua técnica de reparación de objetos rotos mediante la aplicación de *urushi* (una sustancia derivada de la savia del árbol chino de la laca), oro y otros materiales en las grietas. La práctica y el principio del *kintsugi* abarca, en lugar de rechazar, los defectos en la composición de las cosas, y puede aplicarse a casi todo en la vida. No se tira una taza astillada o un cuenco roto, sino que se cuidan y se tratan como fragmentos indispensables que hay que volver a unir. En el espíritu del *kintsugi*, no se abandona la tierra sólo porque haya sido afectada y dañada por las actividades humanas. El pueblo japonés tiene probablemente una de las visiones más universales de la vida. De hecho, en la tradición budista, se cree que las plantas tienen alma, y su vida siempre ha sido fundamental en la espiritualidad de Japón. En el mundo actual, con sus tecnologías y las luces de las grandes ciudades, algunas personas parecen ver el medioambiente terrestre como algo prescindible. Nada más lejos de la realidad.

El ikebana es el arte japonés de los arreglos florales, y lo lleva a cabo la familia Ikenobo en el corazón de la antigua ciudad de Kioto desde hace más de quinientos años. Senko Ikenobo es la primera mujer *iemoto* (jefa) en la larga historia del ikebana en la Casa Ikenobo. Cuando se le pregunta por el significado del ikebana, el maestro Ikenobo cita invariablemente una reverencia por todos los seres vivos, y una oración por la salvación de sus almas. El arreglo floral del ikebana es una forma de oración por todos los seres vivos.

Naturalmente, para hacer ikebana hay que cortar las flores, acortando su preciosa vida. Sin embargo, al hacerlo, el ikebana puede hacer que las flores, las hojas y las ramitas alcancen un estado más bello que el que habrían podido alcanzar si se hubieran dejado solas. El embellecimiento físico de las plantas las enriquece espiritualmente. El ikebana es una aplicación del camino del *nagomi* (*nagomido*), que va más allá de las fronteras entre especies para acoger a las plantas como almas gemelas de los seres humanos.

En la naturaleza, como en todos los ámbitos de la vida, es importante lograr un equilibrio entre las diferentes perspectivas en un hermoso *nagomi*. Cuando se trata de equilibrar las actividades humanas con el mundo natural, es importante tener en cuenta el concepto japonés de *satoyama*.

Satoyama es una palabra que describe los límites entre *sato* (hábitat humano) y *yama* (montaña), y por tanto es donde la civilización y la naturaleza se encuentran y dan lugar a una hermosa armonía. En todo Japón se pueden encontrar *satoyama* a lo largo de las fronteras entre llanuras y montañas, o entre los valles y las llanuras. De hecho, un *satoyama* es una idea exclusivamente japonesa sobre cómo establecer un *nagomi* entre las actividades humanas y la naturaleza.

Un *satoyama* es muy bello de ver, y una vez que observas un buen ejemplo de él en acción, la impresión te acompaña para siempre, dándote una imagen de cómo debería ser la vida con *nagomi,* y proporcionándote inspiración para el *nagomi* de la salud. La idea del *satoyama* está maravillosamente representada en la película de Hayao Miyazaki *Mi vecino Totoro.* El entorno rural en el que las dos niñas, Satsuki y Mei, vagan y viven aventuras es un ejemplo típico de *satoyama.* Aunque Miyazaki es característicamente ambiguo sobre el lugar que inspiró la película, una posible hipótesis apuntaría a Tokorozawa, un pueblo suburbano de la prefectura de Saitama, al norte de Tokio. Se dice que la hija de un amigo de Miyazaki pronunció erróneamente Tokorozawa como «Totorozawa», lo que proporcionó el nombre de la gran criatura de la película. En particular, las verdes colinas de Sayamakyuryo que se extienden desde Tokorozawa hasta Tokio son consideradas como el *satoyama* representado en la película. En la actualidad, existe una asociación nacional que intenta preservar las verdes colinas de Sayamakyuryo, y Miyazaki es uno de sus mecenas.

Como sugiere la película, un entorno *satoyama* se presta a la vida humana. De hecho, son las actividades humanas las que hacen que las distintas vidas en *satoyama* sean ricas y diversas. En Occidente, se tiende a pensar que la naturaleza está mejor cuando los humanos la dejan en paz. Esto es comprensible en cierto modo, y todo el mundo estaría de acuerdo en que un bosque primigenio impoluto es algo que debe valorarse y apreciarse por derecho propio. Sin embargo, el *satoyama* ofrece un enfoque alternativo, según el cual, en lugar de destruir unilateralmente el mundo natural, la actividad humana puede a veces aumentar la biodiversidad y la aparición de hábitats y ecosistemas únicos.

En un entorno típico de *satoyama*, la coexistencia armoniosa de la naturaleza y la civilización podría prolongarse durante siglos.

Un magnífico ejemplo del sistema ecológico único que nutre un *satoyama* puede encontrarse cerca del mayor lago de Japón, Biwa, en la región de Takashima, en la prefectura de Shiga. Aquí, hay una red intrincadamente equilibrada de sistemas ecológicos que involucran el verdor, el agua, la vegetación y varias otras formas de vida que habitan esos espacios. La más famosa son las carpas que nadan en el agua cerca de las casas de los residentes locales. De hecho, nadan dentro de ellas. Las cocinas de estas casas de la región de Takashima están equipadas con canales que serpentean desde el agua natural hasta las piscinas situadas justo en sus cocinas. Para los residentes de la región, es algo cotidiano ver a las carpas nadando en las piscinas de agua en un rincón de su cocina. Esta imagen de una carpa nadando en una cocina es tan hermosa que simboliza lo que representa *el satoyama*.

El beneficio de tener peces nadando en tu cocina va más allá de la pura estética. También tiene ventajas prácticas. Puedes poner la vajilla en la piscina después de comer y los peces vendrán a comer los restos de la superficie, sirviendo de comensales y de limpiadores. Parece que a las carpas les gusta especialmente el arroz sobrante.

El *nagomi* de la vida de las personas y de las carpas se realiza con inteligencia, pasión y destreza, en forma de *teire*. *Teire* significa literalmente poner las manos o, más libremente, cuidado humano continuo. El *teire* se considera una parte importante y necesaria de nuestro papel en la conservación y protección del mundo natural. Los jardines japoneses se mantienen maravillosamente gracias al *teire* de los artesanos que los atienden. Desde los jardineros *amateurs* hasta los profesionales que trabajan en los lugares considerados Patrimonio Mundial de la UNESCO, Japón es un gran país de *teire*. Sin *teire*, el mantenimiento de los bosques, los jardines e incluso los bonsáis (de los que hablaré con más detalle en breve) es imposible.

En esencia, el *teire* es un *nagomi* entre los procesos artificiales y los naturales. Si se hubiera dejado totalmente en paz a la naturaleza, el hermoso espectáculo de las carpas en las piscinas de la cocina no habría sido posible. Estas vías de agua que permiten a la carpa nadar sin problemas entre el mundo natural y el desarrollado son un producto del *nagomi* creado por el *teire*. Sin el *satoyama* logrado a través del *teire*, la propia existencia de la naturaleza puede verse amenazada. Cuando era niño, me gustaba la naturaleza. Me gustaban especialmente las mariposas y solía ser un entomólogo aficionado, que exploraba varias zonas de *satoyama* en nombre de la investigación. Informaba de lo que encontraba en la feria de ciencias local y recibía algunos premios. Tengo un recuerdo muy vivo de una especie en particular: la *Niphanda fusca*, una pequeña mariposa negra con elegantes dibujos de manchas en la cara ventral (parte inferior) de las alas. Esta mariposa se encuentra en zonas donde la actividad humana ha dado lugar a praderas abiertas que flanquean bosques soleados. Esta especie única, que sólo se encuentra en los países del este de Asia, incluidos Japón y Corea, se alimenta del líquido dulce que segrega la hormiga *Camponotus japonicus* u hormiga carpintera japonesa. Ambos insectos sólo pueden prosperar en el *satoyama,* donde los efectos de la actividad humana y la naturaleza se mezclan y fusionan. Lamentablemente, la población de *Niphanda fusca* está disminuyendo rápidamente, y la especie está registrada como en peligro de extinción en la Lista Roja Regional del Ministerio de Medio Ambiente de Japón. La principal razón de la desaparición de esta especie es el desvanecimiento del entorno *satoyama*, debido al cambio de la sociedad humana y la consiguiente desaparición de actividades tradicionales como la agricultura, la recogida de leña y la tala del sotobosque en los bosques y sus alrededores. Todas estas actividades requieren mucha mano de obra y son difíciles de mantener en una época de circunstancias económicas difíciles.

Hay otras especies en peligro de extinción que son exclusivas del entorno del *satoyama*. *Fabriciana nerippe* es una magnífica mariposa anaranjada autóctona de los pastizales mantenidos por la agricultura y el pastoreo. Otra especie, *Shijimiaeoides divinus*, una elegante mariposa azul de pequeño tamaño, prospera en los pastizales que flanquean las tierras de cultivo y los arrozales abandonados y también está en peligro de extinción, debido a los cambios en los patrones de cultivo y uso de la tierra. El hecho de que estas especies, antaño comunes, hayan reducido mucho su número se considera en gran medida el resultado del cambio de la actividad humana. Es increíble que tantas especies en peligro de extinción dependan del *satoyama* que se nutre de los límites entre el medio natural y el artificial. Pido perdón a los lectores por centrarme aquí en las mariposas, reflejando mis propias peculiaridades desde la infancia. Lo mismo ocurre con otras especies de insectos, mamíferos, aves, peces, plantas y hongos, que en su día se nutrieron de la desaparición de los entornos *satoyama* y ahora están en peligro. La interacción con el ser humano puede crear hábitats únicos en la naturaleza. En general, el *nagomi* es una conciencia de las redes de interacción en el sistema ecológico, y el *satoyama* es un bello ejemplo de ello.

Un último ejemplo de *nagomi* y *satoyama* como principios rectores para fomentar una coexistencia armoniosa entre los seres humanos y el mundo natural es el arte botánico del bonsái. El bonsái se originó en China como el arte del *penjing* o *penzai* y, como muchas otras cosas originarias de China, evolucionó hasta convertirse en su propia tradición en Japón. Hoy en día, el bonsái es popular tanto en Japón como en todo el mundo. En el Palacio Imperial de Tokio hay unos seiscientos bonsáis, que abarcan noventa especies diferentes y muestran lo mejor del género. Algunos de estos árboles tienen cientos de años de antigüedad, y esto se debe a un *teire* continuo.

El *teire* es un aspecto esencial de la crianza de los bonsáis, ya que para mantener estos árboles en miniatura hay que recortar y podar las hojas. Un artista del bonsái dijo que, al doblar los troncos y las ramas de los árboles pequeños, estaba imitando los efectos del viento y la nieve en la naturaleza y reproduciendo así el funcionamiento de la madre tierra en la pequeña maceta del árbol. Esta es una maravillosa destilación del *teire* logrando el *satoyama*, y demuestra el perfecto *nagomi* de la naturaleza.

Conclusión

Veamos de nuevo los cinco pilares del *nagomi*:

1. Mantener relaciones felices con tus seres queridos, aunque no estés de acuerdo con ellos.
2. Aprender cosas nuevas sin dejar de ser fiel a ti mismo.
3. Encontrar una sensación de paz en todo lo que haces.
4. Mezclar y combinar ingredientes aparentemente incompatibles para lograr un equilibrio armonioso.
5. Conocer mejor la filosofía de vida japonesa.

Ahora, habiendo leído el libro, ¿qué te parecen estos pilares del *nagomi*?

- ¿Te inclinas más a centrarte en cultivar relaciones felices con tus seres queridos, sin estar necesariamente de acuerdo con ellos en todo?
- ¿Te sientes más capaz de aprender cosas nuevas, pero manteniéndote fiel a ti mismo?

- ¿Te parece que la idea de encontrar una sensación de paz en todo lo que haces es algo que podrías hacer o en lo que podrías trabajar?
- ¿Crees que podrías experimentar con una mezcla de ingredientes aparentemente incompatibles y que al hacerlo podrías encontrar un equilibrio armonioso?
- ¿Te parece que el concepto de *nagomi* es más comprensible y relevante que antes?

Espero que puedas cerrar este libro con una buena comprensión del camino del *nagomi*. Te deseo toda la paz y el equilibrio armonioso que el *nagomi* te pueda traer.

¡Que el *nagomi* te acompañe!

Glosario

Batakusai - significa literalmente huele a mantequilla y se utiliza para indicar cuando algo tiene demasiada influencia occidental, como las comedias satíricas.

Budismo zen - una fe y disciplina religiosa que se centran en la contemplación del sentido de la vida.

Butsudan - un santuario budista en el que las familias presentan sus respetos.

Chanko - la forma tradicional de preparar la comida para los luchadores de sumo, para que puedan ganar peso de un modo saludable.

En - puede traducirse como destino o conexión (como la familia o un ser querido).

Gaman - concepto relacionado con la perseverancia y la autocontención, que es una de las premisas más importantes del budismo zen.

Getsukoyoku - baño a la luz de la luna.

Hanami - la apreciación de las flores.

Harahachibu - traducido literalmente como estómago al ochenta por ciento, es la idea de que se debe dejar de comer antes de estar completamente lleno para evitar comer en exceso.

Hashiri - se refiere al inicio de la temporada, cuando los nuevos ingredientes comienzan a llenar el mercado.

Hatsumoude - la palabra para describir la primera visita a un santuario sintoísta el día de Año Nuevo.

Ichigo ichie - el concepto de atesorar un momento en el tiempo. Se puede traducir como una vez en la vida y recuerda a la gente que debe valorar cualquier experiencia que pueda compartir con otros, como una ceremonia del té japonesa.

Ichiju issai - un sistema de creación de una comida, basado en una sopa, un plato.

Ikebana - el arte tradicional de los arreglos florales.

Ikigai - la filosofía japonesa que te ayuda a encontrar *mindfulness* y alegría en todo lo que haces.

Izakaya - una taberna tradicional japonesa.

Kaiseki - describe el equilibrio armonioso de los ingredientes en los platos.

Kaisuiyoku - bañarse en un océano.

Kawaii - se traduce aproximadamente como *cute* (mono / adorable en inglés), pero su significado cambia ligeramente según el contexto.

Kintsugi - la antigua técnica de reparar vajillas rotas aplicando *urushi* (una sustancia que deriva de la savia del árbol chino de la laca), oro en polvo y otros materiales a las grietas.

Kokugaku - el estudio de la historia japonesa.

Kounaichoumi - cocinar en la boca.

Mono no aware - el *pathos* de las cosas.

Nagori - el final de la temporada, cuando los ingredientes están menos disponibles.

Nikkoyoku - baño con rayos de sol.

Okazu - un acompañamiento.

Omakase - elección del chef.

Onsenyoku - baño en una fuente termal.

Rakugo - teatro tradicional en el que un solo narrador asume el papel de diferentes personajes, a menudo en historias que implican conflictos.

Ryokan - una posada tradicional japonesa.

Sado - el camino del té.

Sakana - una palabra antigua para describir cualquier tipo de comida que va bien con el sake.

Sakari - la mitad de la temporada, cuando los ingredientes están más sabrosos.

Satoyama - describe los límites entre *sato* (hábitat humano) y *yama* (montaña), y por lo tanto es donde la civilización y la naturaleza se encuentran y resultan en una hermosa armonía. En todo Japón, se pueden encontrar *satoyama* a lo largo de las fronteras entre las llanuras y las montañas, o entre los valles y las llanuras.

Seiyu - actor de doblaje.

Sensei - maestro.

Shakkei: - significa paisaje prestado. Por ejemplo, el jardín Genkyuen de la ciudad de Hikone «toma prestadas» las vistas del adyacente Castillo de Hikone, una obra maestra del periodo samurái designada como Tesoro Nacional.

Shinrin-yoku - una palabra relativamente nueva, acuñada en 1982 por Tomohide Akiyama, el jefe del Ministerio de Bosques en ese momento, que significa baño en el bosque (es decir, estar en la naturaleza).

Shodo - caligrafía.

Shokado - una caja bento elegantemente presentada.

Shokuiku - educación alimentaria.

Sodoku - la forma tradicional de empezar a aprender (no confundir con el sudoku).

Teire - significa literalmente poner las manos o, más libremente, cuidado humano continuo. El *teire* se considera una parte importante y necesaria de nuestro papel en la conservación y protección del mundo natural.

Tokowaka - se traduce literalmente como siempre joven.

Tsumami - describe la gama de platos especialmente concebidos y desarrollados para acompañar al sake. También puede referirse a los alimentos que pueden acompañar a otras bebidas alcohólicas, como la cerveza, el whisky y el vino. Se puede decir, por ejemplo, que el *edamame* es un *tsumami* perfecto para la cerveza, o que el queso es un excelente *tsumami* para el vino.

Ukiyo - el mundo flotante, que hace referencia a la importancia de lo efímero en la vida japonesa, como la apreciación de los cerezos en flor en primavera.

Wabi sabi - la aceptación de la transitoriedad y la imperfección.

Waka - un tipo de poesía en la literatura clásica japonesa.

Wayochu - se refiere a los estilos de cocina originarios de Japón (*wa*), Occidente (*yo*) y China (*chu*), y representa el principal género de alimentos disponibles en el Japón moderno.

Yoku - una palabra genérica para describir el baño, pero puede referirse a la inmersión en cualquier ambiente.

Yomihitoshirazu - una forma de describir una obra creada anónimamente.

Zatsudan - una palabra japonesa para describir la «pequeña charla». *Zatsu* se refiere a la rica diversidad de temas en una conversación y *dan* tiene que ver con las narrativas variopintas que traslucen de la idiosincrasia de las conversaciones cotidianas.